초등학생이
가장 **궁금해**하는
살아 있는 지구
이야기 **30**

초등학생이 가장 궁금해하는
살아있는 지구 이야기 30

1999년 7월 10일 초판 1쇄 발행
2012년 2월 10일 개정판 2쇄 발행

지은이 | 장수하늘소
그린이 | 김혜숙
펴낸이 | 한승수

펴낸곳 | 하늘을나는교실
등록 | 2009년 6월 24일(제395-2009-000086호)
전화 | 031-907-4934
팩스 | 031-907-4935
주소 | 경기도 고양시 일산동구 장한동 733 한강세이프빌 오피스텔 301-18
E-mail | hvline@naver.com

ⓒ 장수하늘소 2010

ISBN 978-89-963187-9-8 74400
ISBN 978-89-963187-0-5(세트)

* 책값은 뒤표지에 있습니다.
* 잘못된 책은 구입처나 본사에서 바꾸어 드립니다.

초등학생이 가장 궁금해하는 살아 있는 지구 이야기 30

장수하늘소 지음 | 김혜숙 그림

하늘을 나는 교실

생명이 사는 아주 특별한 행성, 지구 이야기

우주선을 타고 하늘로 올라가 내려다본 지구는 매우 아름다운 푸른 행성입니다. 우주인들은 지구를 내려다보는 순간, 그 아름다운 모습에 정신을 빼앗길 정도라고 했답니다.

그렇게 아름다운 지구는 더욱이 아주아주 신비롭기까지 합니다. 그 신비로움의 정체가 무엇이냐고요? 바로 우리 사람을 비롯해서 온갖 동식물이 태어나 자란다는 점이지요. 도대체 지구는 어떻게 만들어져서 오늘의 모습이 갖추어졌고, 또 거기엔 어떤 비밀이 감추어져 있기에 온갖 생명 활동이 일어나는 것일까요?

약 46억 년 전 태양이 생겨났습니다. 그리고 태양에서 그리 멀지 않은 곳에 우주먼지가 하나로 뭉쳐지면서 조그만 행성 하나가 만들어지고 있었습니다. 바로 지구입니다. 최초의 지구는 아주아주 작았습니다. 태양처럼 스스로 빛을 내지 못하는 까닭에 별이라고 이름 붙일 수도 없었지요.

그런데 그 조그만 지구는 펄펄 끓고 있었습니다. 게다가 우주를 떠돌던 수많은 우주먼지들이 지구 위에 쏟아져 내렸습니다. 우주먼지들은 펄펄 끓는 조그만 지구의 표면과 충돌하며 엄청난 폭발을 일으켰고 지구를 더욱 뜨겁게 달구었지요.

그렇게 몇억 년 동안 뜨겁게 끓어오르던 지구가 서서히 식어 갔습니다. 지구 표면에 뜨거운 물이 생기고, 그 물이 식어 가면서 약 38억 년 무렵에 최초의 생명체가 바다에 나타났습니다.

지구에 바다와 육지가 생기고 생명체가 나타난 것은 참으로 특별한 일이었습니다. 적어도 태양계 안에서는 유일한 것이니까요.

　바다에 생겨난 생명체는 진화에 진화를 거듭해서 뚜렷한 모습을 갖추었고, 그 가운데 어떤 생물은 육지로 올라와 적응했습니다. 그렇게 육지로 올라온 생물들이 진화를 해서 거대한 숲을 이루고, 거대한 생물체인 공룡이 되기도 했지요.

　이렇게 지구는 아주아주 특별한 생명의 행성이 되어 갔습니다. 뭇 생명이 넘쳐나는 지구의 비밀은 과연 무엇일까요? 우리는 과연 우리가 살고 있는 지구에서 일어나는 일들을 다 알고 있는 걸까요? 아니, 무엇보다도 우리 사람은 언제 지구에 처음 나타났을까요?

　궁금하지요? 이 책 속에는 어린이 여러분이 지구에 대해 정말로 궁금해 하는 것들이 모두 담겨 있습니다.

　감동과 재미를 듬뿍 머금은 지구의 이야기들이 우리를 과학의 세계로 안내합니다.

　자, 이제 여러분, 땅과 바다 그리고 하늘에 감추어진 지구의 이야기를 찾아 떠나 볼까요?

장수하늘소

차례

머리말 생명이 사는 아주 특별한 행성, 지구 이야기   4

1. 최초의 지구 지구의 탄생을 목격한 오로라 탐험대   8

2. 인류의 진화 털 없는 원숭이   14

3. 지동설 앗! 갈릴레이 할아버지   20

4. 지구의 중력 두리가 둥실둥실   26

5. 지진 에티앙의 6개월   32

6. 지구 환경 지구를 떠나고 싶어요   38

7. 자연재해 청개구리의 경고   44

8. 구름 구름의 여행   50

9. 대기권 너만 잘난 게 아니야!   56

10. 환경오염 회색 곰과 딱정벌레   62

11. 암석 신나는 체험 학습   68

12. 대륙의 이동 몰래 움직이는 땅   74

13. 화산 폭발 동굴 연못의 비밀   80

14. 빙하 펭귄이 북극곰한테 전화를 했어요   86

15. 동굴 박쥐의 집을 본 적 있니?   92

16. 화석 모기 화석의 비밀 98
17. 바람 바람에 몸을 맡기렴! 104
18. 비 비는 하느님의 눈물? 110
19. 번개 벼락 맞은 야옹이 116
20. 무지개 무지개를 타고 싶어! 122
21. 밀물과 썰물 달, 달, 힘센 달 128
22. 물의 이동 물방울의 여행 134
23. 바닷물 붕어의 고집 140
24. 흙 감자는 젖은 흙을 좋아해! 146
25. 땅속 바위로 성을 쌓았더라면 152
26. 석유 검은 샘의 정체를 밝혀라! 158
27. 바닷속 토끼의 바닷속 나들이 164
28. 생물의 탄생과 진화 식물과 동물의 전쟁 170
29. 시간 과거로의 여행 176
30. 지구의 주인 아빠의 이상한 낚시 182

1. 최초의 지구

지구의 탄생을 목격한 오로라 탐험대

"앗, 큰일 났다! 항로를 변경하라!"

오로라 탐험대의 대장 헤리우스는 팀원들에게 위험을 알렸어요. 난데없이 우주 하늘에 불꽃놀이가 펼쳐졌어요. 불꽃들이 사라지자 수많은 돌 조각들과 우주먼지들이 마구 휘날렸어요. 아무래도 가까운 곳에서 초신성이 폭발한 것 같았어요. 재빨리 피하지 않으면 광활한 우주 공간에 빨려 들지도 몰라요. 대장 헤리우스의 명령에 따라 오로라 탐험대는 가까스로 위험지역을 벗어났어요.

"저것 좀 보세요! 우주 쓰레기들이 한곳으로 모이고 있어요!"

팀원 토토가 소리 질렀어요. 과연 우주 쓰레기들이 모여들면서 새 별이 생기고 있었어요. 이글이글 불타면서 어마어마한 빛을 뿜어내는 모습이 어찌나 멋있던지 모두 넋을 잃었어요. 토토가 이 광경을 항해일지에 기록했어요.

'이글거리는 거대한 별의 탄생! '태양'으로 부르기로 함.'

놀라운 일은 연달아 벌어졌어요. 난생 처음 별의 탄생을 목격한 토토는 밖의 광경에서 눈을 떼지 못했어요. 태양에서 조금 떨어진

거리에서는 크고 작은 행성들이 만들어지고 있었어요. 이 작은 행성들은 태양 주위를 빙글빙글 돌면서 가스와 돌멩이, 먼지들을 끌어 모아 조금씩 커지고 있었거든요. 마치 크고 작은 쌍둥이 형제들이 탄생하는 것 같았어요. 이 중엔 아기 지구도 있었어요. 갓 태어난 아기 지구는 몸이 불덩어리처럼 뜨거워 보였어요.

토토는 지구의 변화를 기록하는 첫 임무를 맡았어요. 기록을 위해 지구를 자세히 보고 있자니 우주 쓰레기들이 뭉쳐진 작은 덩어리가 아기 지구에 총알처럼 빠르게 부딪쳤어요. 그리고 수백 도가 넘는 뜨거운 마그마가 부글부글 끓고 있었어요.

"이렇게 뜨겁다면 생명체가 살긴 어렵겠어."

토토가 혼잣말을 했어요.

"토토야. 지구는 아직 만들어지는 중이란다. 시간이 지나면 또 다른 변화가 생길지도 몰라."

대장 헤리우스가 토토의 머리를 쓰다듬으며 말했어요.

며칠 뒤, 토토는 다시 지구를 살펴보곤 깜짝 놀랐어요. 마그마의 바다가 만들어진 뒤 철, 니켈 같은 무거운

금속이 가라앉아 핵이 만들어지고, 가벼운 물질들은 위로 올라와 있었어요. 아기 지구의 열은 서서히 식어 갔어요. 마그마가 식으면서 암석이 생기고 딱딱한 땅이 만들어졌어요.

또한 아기 지구를 감싸고 있던 대기 중의 많은 수증기가 식으면서 구름이 만들어졌어요. 구름 안에서 충돌이 일어나면서 며칠이고 계속 큰비가 내렸어요. 그리고 그 비가 모여서 큰 바다가 만들어졌어요. 빨간 불덩어리였던 아기 지구가 천천히 식어 가며 바다가 만들어지자 간간이 푸른빛을 띠었어요.

'아기 지구가 성장을 거듭했다. 고통스러운 과정을 거쳐서 어른이 돼 가고 있다.'

토토는 항해일지에 이렇게 적었어요. 지구는 정말 힘겹게 어른이 되어 가고 있었어요. 그동안 지구 곳곳에서 화산이 폭발해서 불덩어리가 뿜어져 나오고 안에 있던 수소, 메탄, 암모니아, 수증기 등이 밖으로 쏟아져 나왔지요. 그중 몸무게가 가벼운 수소는 대부분 지구 밖으로 도망갔어요. 메탄과 암모니아는 지구에 남아서 이산화탄소와 질소를 만들었어요. 아주 적은 양이지만 산소도 생겼지요.

"아기 지구가 어른이 되었어요. 열도 식고, 바다도 생겼고, 여러 기체도 생겼어요. 여기에 생명체가 살 수 있을까요?"

토토가 헤리우스 대장에게 질문했어요.

"어른이 된 지구에서 조만간 생명체의 탄생을 지켜볼 수도 있겠구나."

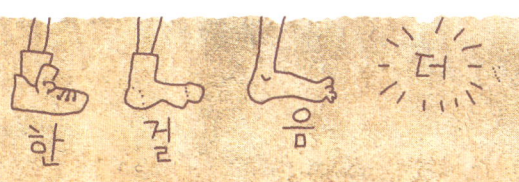
한 걸음 더

별의 죽음, 초신성

별도 사람처럼 어린별로 태어나서 점점 커지다가 갑작스런 죽음을 맞기도 해요. 별은 죽기 직전에 엄청난 에너지와 함께 평소보다 수억 배나 강한 빛을 내뿜어요. 이같은 대폭발은 몇 주 동안 이어지기도 해요. 이것이 마치 새로운 별이 생겼다가 사라지는 것처럼 보이기 때문에 '초신성'이라고 불러요. 그리고 별이 죽으면서 생기는 우주 쓰레기들이 모여 새로운 별을 만들어내기도 해요.

초신성 폭발 모습

지구의 나이는 몇 살일까요?

지구는 태양을 중심으로 둥글게 도는 여덟 개의 행성 중 하나예요. 태양이 먼저 생기고, 비슷한 때 수성, 금성, 지구, 화성, 목성, 토성, 천왕성, 해왕성의 여덟 개 행성이 만들어졌어요. 태양이 처음 만들어진 때는 지금으로부터 약 50억 년 전이고, 지구는 46억 년 전 태어났다고 해요. 오늘날 우리가 살고 있는 지구는 하루아침에 만들어진 것이 아니에요.

아기 지구는 불덩어리였대요!

처음 만들어진 지구는 지금처럼 크지 않았대요. 지금과 비교해 보면 약 5분의 1 크기 밖에 안 됐다고 해요. 그런데 아기가 자라나 어른이 되듯이, 지구도 점점 커져서 지금처럼 만들어졌대요. 처음엔 수많은 우주 쓰레기 뭉치가 지구로 떨어져 폭발하는 바람에 지구는 불덩이였답니다.

푸른 행성이 된 지구

우주 쓰레기 뭉치들이 부딪치면서 여기저기서 마구 폭발이 일어나고 화산들도 덩달아 폭발하면서 먼지며 가스덩어리들이 엄청 생겨났어요. 이 먼지와 가스덩어리들이 구름이 되어 비가 내리자 뜨겁던 지구는 점점 식었어요. 그 빗물이 모여 바다가 만들어졌죠. 아주 오랜 시간이 지난 뒤 그 바다에서 생명체들이 태어났고, 온갖 양분과 산소가 생겨났어요. 곧이어 식물들이 자라나기 시작했고, 식물들은 태양 빛을 받아 양분과 산소를 계속 만들어 냈어요. 이산화탄소가 가득했던 지구에 산소가 점점 많아지면서 뜨거운 불덩어리 같던 지구가 푸른 행성이 되었습니다.

지구의 탄생부터 현재 지구의 모습

1. 초신성 폭발로 태양이 생김

2. 태양 주변에 폭발로 인해 생긴 먼지구름 및 운석 등이 뭉쳐져 지구가 생김

3. 지구는 점차 구의 형태를 띠게 되며, 중력이 생김

4. 중력으로 인해 더 많은 운석들이 부딪쳐 수없이 많은 폭발이 생기면서 뜨거워짐

5. 물이 생김

6. 생명체가 생기고 산소가 생기면서 현재 지구의 모습으로 변화함

2. 인류의 진화

털 없는 원숭이

생쥐 조로는 코를 킁킁거렸어요. 맛있는 냄새가 저쪽 동굴 안에서 나고 있었거든요. 음식을 빼앗을 생각으로 쪼르르 그곳으로 내달렸지요. 그런데 그 안에는 생전 처음 보는 동물들이 살고 있었어요.

'도대체 무슨 동물일까? 신기하여라. 생김새는 원숭이와 닮았는데, 두 발로 걸어다니니! 털 없는 원숭이인가?'

조로는 동굴 입구에서 고개를 갸우뚱했어요.

"어떻게 하면 저놈들이 먹고 있는 음식을 빼앗을 수 있을까?"

그들은 빨갛게 날름거리는 것에 음식을 굽고 있었어요. 맛있는 냄새는 바로 그곳에서 나는 것이었지요. 그 음식 냄새는 세상의 어느 것보다 조로의 식욕을 자극했어요. 부지런히 머리를 굴리면서 그 음식을 빼앗을 궁리를 했지만 뾰족한 수는 나오지 않았어요.

"어머, 징그러워! 온몸에 털이 돋은 게, 정말 꼴 보기 싫어."

털 없는 원숭이 무리 중 하나가 조로를 보고 말했어요.

"이거, 이거, 쥐 아냐? 훠이, 저리 물러나라. 에잇!"

옆에 있던 다른 원숭이가 나무 막대를 휘두르며 조로에게 다가왔어요. 생명의 위협을 느껴 작전상 후퇴를 할 수밖에 없었죠. 난생 처음 보는 동물이 무기를 가지고 덤벼드는데 어쩌겠어요?

"에잇, 다음에 두고 보자!"

분한 마음을 누르고 조로는 재빨리 집으로 돌아왔어요. 그렇지만 그 음식 냄새만큼은 뇌리에서 떠나지 않았어요.

'적을 알고 나를 알아야 싸움에서 이길 수 있는 법! 지혜로운 개리 할아범을 찾아가 저 동물들의 정체를 파헤치고, 약점을 속속들이 알아야겠어.'

조로는 한 번 결심하면 끝까지 물고 늘어지는 승부 근성의 소유자였거든요. 그 길로 맛있는 열매와 고기를 들고 개리 할아범을 방문했어요.

"아이고, 조로야. 네가 여긴 어쩐 일이냐?"

열매와 고기 냄새를 맡은 개리 할아범은 반색하며 조로를 맞았어요. 그러나 원하는 걸 얻기 전에 선물을 먼저 건네는 건 꾀돌이 조로가 할 짓이 아니었죠. 조로는 얼른 등 뒤로 열매와 고기를 감췄어요.

"할아버지! 제가 오늘 이상한 동물들을 봤는데요, 이놈들은 원숭이처럼 생겼으면서도 털이 없고 두 다리로 걷더란 말이지요."

그 말에 할아범은 이미 알고 있다는 듯 '호홍!' 하며 코웃음을 쳤어요.

"게다가 벌겋게 타오르는 것에 음식을 구워 먹는데, 그 냄새가 정말 기가 막히더란 말이지요. 그 동물은 뭐고, 그 벌건 것의 정체는 뭔지요? 또 그놈들의 약점을 얘기해 주시면 제가 사례를 합지요."

그러나 역시 할아범은 한 수 위였어요. 그 이야기를 다 듣고나자 이렇게 말하는 거예요.

"조로, 네 등 뒤에 감춘 걸 당장 내게 바친다면 알려 주지."

꾀바른 조로지만, 늙은 생쥐를 어떻게 당하겠어요? 조로는 냉큼 선물을 할아범에게 바쳤어요.

"그놈들은 '털 없는 원숭이'라는 것들인데, 지들끼리는 뭐 '인간'이라고 부르더라. 그 벌건 것은 '불'이란 놈이야. 고기를 맛있게 구워 주지만, 잘못하면 그놈 혓바닥에 네 털이 홀랑 타 버릴 수 있지. 그리고 인간들 약점은……, 그건 다음에 얘기해 주지."

'인간'들의 약점을 알아내기는커녕 열매와 고기만 빼앗긴 것 같아 억울한 기분이 든 조로는 터덜터덜 집으로 향했어요. 조로의 축 처진 뒷모습을 보며 개리 할아범이 소리쳤어요.

"담엔 더 좋은 걸 가져와. 그럼 내가 알고 있는 모든 걸 알려줄게. 불에 구운 고기 맛이 어찌나 좋던지 넌 모를 거다. 그걸 못 먹어 봤으면 말을 말라고 해."

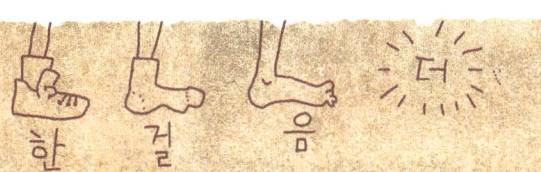

인간이 어떻게 지구의 지배자가 됐을까요?

사자나 호랑이처럼 기운 세고 몸집이 큰 것도 아닌, 나약한 육체를 지닌 인간이 어떻게 지구를 차지하게 되었을까요?

그 이유로 학자들은 다음의 몇 가지 이유를 들어요. 가장 먼저 똑바로 서서 두 다리로 걸었다는 점이지요. 치타처럼 빠르게 달릴 수는 없었겠지만, 나무 위의 열매를 따 먹을 수 있었어요. 또 손이 자유롭게 되면서 특히 엄지손가락 근육이 잘 발달되어 도구를 만들 수 있게 됐지요. 신체적 약점을 도구로 극복할 수 있었던 겁니다. 게다가 손을 쓰면서 뇌 용량이 커져 소리를 구별하고 언어를 사용할 수 있게 됐습니다. 또 두 다리로 서면서 목구멍의 구조가 달라져 성대가 발달하게 되고, 다양한 소리를 내게 되어 말 즉, 언어가 발달하게 되었답니다.

언어의 발달, 연장의 발달, 뇌 용량의 확대는 집단생활을 가능하게 하고, 다른 동물을 압도하게 되는 조건이 됐어요. 이로써 생존경쟁에서 유리한 위치를 차지하게 된 거지요.

인류가 최초로 사용한 도구들

당연히 있어야 한다고 생각했던 손과 다리가 인간을 지구의 지배자로 만들어 주었네요.

인간의 조상은 정말 원숭이었을까요?

우리는 모두 어디에서 온 걸까요? 우리의 조상은 누구일까요? 우리는 조상을 찾기 위해 수많은 연구를 거듭했습니다. 그 결과 인류도 다른 동물과 마찬가지로 진화를 했다는 것을 알아냈죠. 좀 더 자세히 알아볼까요?

인류가 진화해 왔다는 증거

인류가 유인원 즉, 침팬지나 고릴라 등과 공통 조상에서 발전되어 변화되어 온 것이라고 학자들은 주장합니다. 그럼 이런 주장을 펴는 증거는 무엇일까요? 예를 들어 시조새는 독일의 중생대 쥐라기 지층에서 발견했는데, 파충류와 조류의 특징을 함께 가지고 있지요. 따라서 이것은 파충류로부터 조류가 진화되었다는 것을 알려 준다는 거예요. 또 척추동물은 초기 발생 과정에 모두 아가미 틈과 꼬리를 가진 비슷한 모양을 나타내므로 어류의 공통 조상에서 진화되었다는 거예요.

이렇게 지구에 사는 많은 동물들이 그렇듯이 인류도 화석이나 현재의 모습을 통해 그 진화 과정을 알 수 있습니다. 그 중 대표적인 증거로 사람의 충수나 꼬리뼈, 사랑니 등을 꼽을 수 있는데 이것들은 현재 생활에 별 필요가 없는 것이지요. 예전에는 사용했으나 지금은 별 필요가 없어서 흔적만 남은 기관이라는 거예요. 이 같은 것들이 인간이 유인원에서 인류로 진화한 증거로 여겨져요.

꼬리뼈가 남아 있다는 건 예전에 인간들도 꼬리가 있었다는 뜻이군요.

인류 진화 단계

인류의 기원을 살펴보면 최초의 인류는 약 300만 년 전의 오스트랄로피테쿠스이며, 이후 호모에렉투스('곧선 사람'이라는 뜻), 구석기시대의 호모사피엔스('지혜 있는 사람'이라는 뜻) 그리고 호모사피엔스사피엔스로 이어집니다.

유인원	오스트랄로피테쿠스	호모에렉투스	호모사피엔스	호모사피엔스사피엔스
약 7백만 년 전	약 3백만 년 전	약 1백만 년 전	약 30만 년 전	약 3만5천년 전
▶침팬지 등 사람과 많이 닮은 붉은털원숭이와 사람의 조상이 비슷한 것으로 여겨진다. ▶아이깁피테쿠스 같은 원인이 여기에 속한다.	▶두 발로 걸었다. ▶돌을 써서 도구를 만들었다. ▶서로 의사소통이 가능했다.	▶두 발로 똑바로 서서 걸었다. ▶불을 최초로 사용했다. ▶종교의식도 있었다.	▶지능이 발달했다. ▶네안데르탈인이 여기에 속한다.	▶현 인류의 직접적 조상이다. ▶크로마뇽인이 여기 속한다. ▶예술적 활동도 했다.

각 단계별 유인원의 모습

> 꽤 오랜 시간에 걸쳐 현재의 인류의 모습이 되었군요.

3. 지동설

앗! 갈릴레이 할아버지

　갈릴레이가 천체망원경을 만들어 우주를 관측한 지 벌써 400여 년이 흘렀어요. 세리오는 바티칸 박물관에서 갈릴레이 특별전을 연다는 말을 듣고 가슴이 뛰었어요. 갈릴레이는 천문학자가 꿈인 세리오의 우상이거든요.

　박물관으로 들어가기 전, 세리오는 바티칸 정원에 먼저 들렀어요. 그곳에는 갈릴레이의 동상이 세워져 있었어요. 매부리코에 텁수룩한 수염, 세상의 이치를 꿰뚫어 보는 듯한 눈매를 한 갈릴레이가 정원을 내려다보고 있었지요.

　"저도 할아버지의 뒤를 따라 위대한 천문학자가 되고 싶습니다."

　세리오가 이렇게 말을 한 순간 놀라운 일이 벌어졌어요.

　"세리오, 내 뒤를 잇고 싶다니, 정말 기특하구나."

　아! 갈릴레오가 틀림없었어요. 세리오를 바라보는 눈길이 다정했어요.

　"내가 만든 천체망원경을 보고 싶으냐? 어서 내 손을 잡으렴."

　세리오는 얼른 그 손을 잡았어요. 어느새 두 사람은 갈릴레이가 항상 별을 관찰하던 언덕에 와 있었어요. 당시 갈릴레이가 직접 만든 천체망원경은 생각보다 작았지만, 생김새가 아름다웠지요.

"세리오, 여기 와서 보아라. 저기 목성이 보이느냐? 저 목성을 돌고 있는 네 개의 달도 보이느냐?"

세리오는 천체망원경으로 목성 주위의 달들을 볼 수 있었어요.

"망원경이 우리를 우주에 이만큼 가깝게 해줄 줄은 나도 상상하지 못했단다. 이건 별들의 이야기를 전할 기막힌 기회 아니니? 비록 그 때문에 종교재판에 회부되기도 했지만……."

그 말을 하는 갈릴레이의 표정은 쓸쓸했어요.

"할아버지, 걱정 마세요! 저희들은 늘 위대한 천문학자로 할아버지를 꼽는걸요. '그래도 지구는 돈다'는 말도 늘 되새기고요!"

그 말에 갈릴레이가 깜짝 놀라 주위를 살폈어요.

"늘 조심해야 한다. 난 교황청 요주의 인물이야. 그런 생각은 마음속에만 담아 둬야 해. '지구가 태양 둘레를 돈다'는 걸 확신했지만

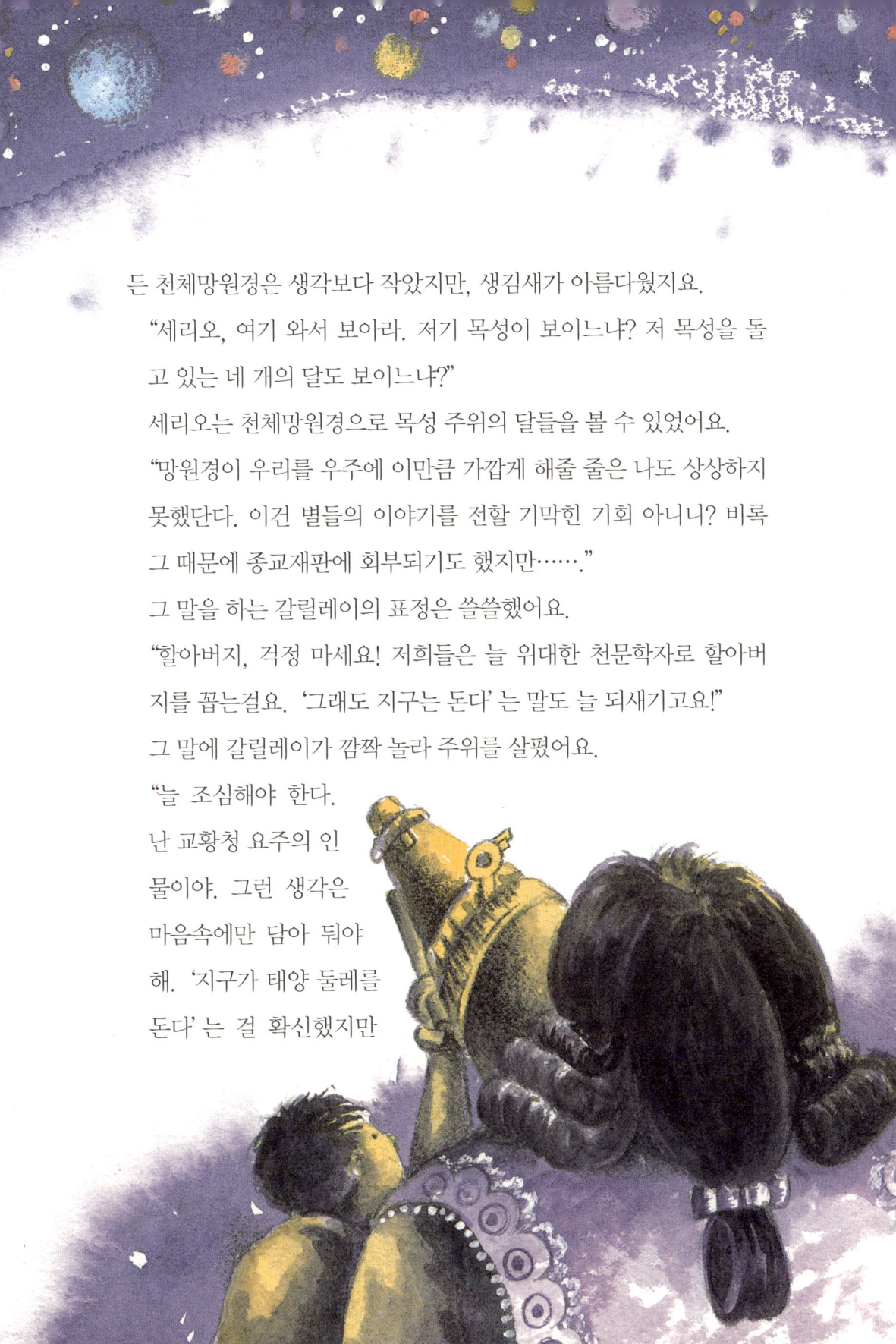

입 밖에 냈다간 화형당하기 십상이란다. 난 늙었고, 연구를 계속하고 싶어서 교황청에서 하라는 대로 잘못이라고 인정했어. 하지만 늘 마음속으로 '그래도 지구는 돈다'는 말을 외쳤단다."

"그러셨군요. 우린 모두 할아버지의 놀라운 발견을 다들 기억하고, 자랑스러워한다고요!"

"아, 그런 일이! 내 연구가 헛된 것이 아니었다니!"

세리오의 말에 갈릴레이의 눈가가 촉촉이 젖어들었어요.

"교황청에서 내게 괘씸죄를 씌운 것은 교회의 이론과는 전혀 다른 이야기들을 했기 때문이지. 과학은 과학으로, 종교는 종교로 받아들이면 좋으련만……."

갈릴레이가 이렇게 한탄했어요.

"하지만 얼마 전에는 교황청에서도 할아버지에게 벌을 내린 것이 잘못이라고 인정했어요!"

갈릴레이의 눈이 왕방울만큼 커졌어요.

"정말 좋은 세상이 열렸구나."

갈릴레이가 고개를 끄덕이면서 세리오의 머리를 쓰다듬었어요.

"그래, 세리오, 좋은 천문학자가 되렴. 궁금한 점도 많지만, 오늘은 이만 가 봐야 할 것 같구나."

갈릴레이가 꼭 잡고 있던 세리오의 손을 조금씩 놓았어요. 그러면서 갈릴레이의 모습도 희미해지고 있었지요. 안타까운 마음에 세리오는 소리를 질렀어요.

"가지 마세요, 갈릴레이 할아버지! 물어볼 게 더 많이 있다고요!"

교황청이 갈릴레이를 미워한 까닭

갈릴레이(1564~1642)가 죽은 지 350여 년이 지난 뒤에야 교황청에서는 그에게 벌을 준 것이 잘못이라고 말했어요. 교황청이 그에게 벌을 내린 이유는 무엇일까요? 갈릴레이가 교황청에서 내세우는 주장들을 따르지 않았기 때문이에요. 당시 교황청에서는 '태양이 지구 둘레를 돈다', '만물은 본질과 형상이라는 두 개의 속성을 갖고 있다' 라는 주장을 폈어요. 교황청의 말은 지금의 법보다 무서운 것이었지요. 그런데 갈릴레이는 이 같은 교황청의 주장에 반대하는 여러 이론을 내세운 거예요. 그러다 보니 당연히 미움을 받을 수밖에 없었지요. 하지만 교황청에 반하는 이론을 내세우는 과학자나 철학자 등 많은 사람들이 화형당한 것에 비하면, 갈릴레이가 받은 처벌은 가벼운 것이었지요.

갈릴레이가 직접 만든 천체망원경

갈릴레이가 살았던 시대는 과학적으로 증명된 사실도 말하기 힘든 시기였답니다.

옛날 사람들이 생각한 지구의 모습은 어떨까요?

고대 이집트 사람들은 하늘의 여신 누트가 네모난 땅을 위에서 에워싸고 있다고 생각했어요. 인도 사람들은 거대한 코끼리, 거북이, 뱀 등의 신이 밑에서 땅을 떠받치고 있다고 생각했죠. 바다 끝에 낭떠러지가 있어서 그곳에 가면 떨어진다고 생각한 사람들도 있었지요. 중국이나 우리나라 사람들은 지구를 네모난 땅덩어리라 생각했어요.

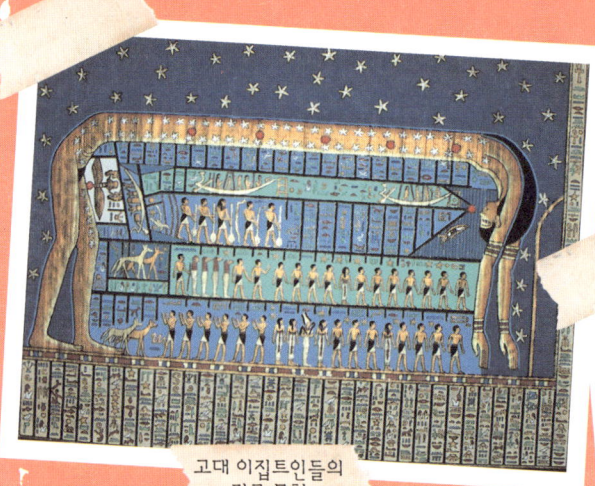

고대 이집트인들의 지구 모형

고대 인도인들의 지구 모형

고대 사람들이 생각한 지구를 그림으로 그려 모아 놓으면 참 재미있는 그림책이 되겠군요.

지구가 둥글다고 최초로 생각한 피타고라스

그리스의 수학자 피타고라스(기원전 582~497)는 '만약 지구의 끝이라는 낭떠러지 아래로 떨어지면 어떻게 될까?'라는 생각을 했어요. 여러 가지 생각과 실험 끝에 피타고라스는 '물체의 가장 완전한 형태는 구'라는 수학적인 믿음을 바탕으로 지구도 구 모양으로 생겼을 것이라고 말했어요. 하지만 당시 그의 제자들을 제외하고는 아무도 그 말을 믿지 않았어요.

지구가 둥글다는 것을 증명한 아리스토텔레스

그리스의 철학자 아리스토텔레스(기원전 384~322)는 여러 과학적 관찰을 통해 지구가 둥글다는 사실을 밝혔어요. 지구의 그림자에 달이 가려지는 월식 때 달에 생기는 그림자가 둥근 것을 보고 지구가 둥글다고 생각했지요. 그리고 항구에 들어오는 배가 돛대의 끝부터 먼저 보인다는 것, 남쪽으로 여행할 때 북쪽의 밤하늘에서는 볼 수 없는 별자리가 보인다는 것, 북극성의 위치가 나라마다 다르게 보인다는 것 등을 토대로 지구가 둥글다는 생각을 굳혔지요.

지구가 둥글다는 걸 체험한 마젤란

과학자들은 오랜 세월 동안 지구가 둥글다는 연구와 주장을 펼쳤어요. 그러나 사람들은 그 같은 말을 믿지 않았지요. 지구가 둥글다는 주장은 허무맹랑한 얘기로 느껴졌어요. 눈앞의 땅은 평평했기 때문이에요. 그런데 포르투갈 출신 탐험가 마젤란(1480~1521)일행이 1519~1522년 동안 지구를 한 바퀴 도는 세계 일주를 하고 돌아오자 사람들은 지구의 끝이 낭떠러지가 아니라는 것, 사실은 지구가 둥글다는 것을 믿기 시작했어요.

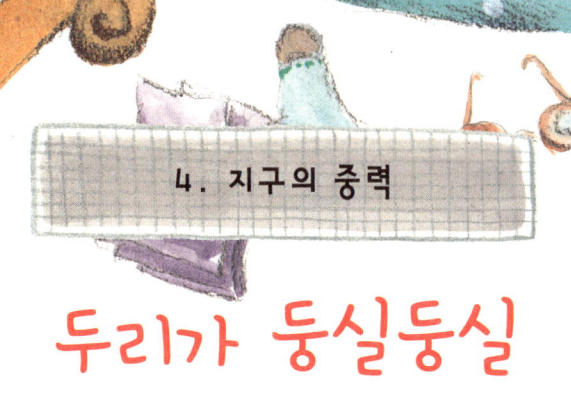

4. 지구의 중력

두리가 둥실둥실

　두리는 뭔가 이상한 느낌에 살며시 눈을 떴어요. 확실히 뭔가가 달라져 있었어요. 코가 막히고 얼굴이 퉁퉁 부은 듯해서 기분이 언짢았어요. 온몸의 피가 머리로 쏠리는 기분이었어요. 팔다리며 온몸의 근육들도 느슨한 듯 힘이 약해져서 늘어진 것 같았고, 키도 부쩍 자라 있었어요. 그리고 심장은 딱딱하게 굳은 듯 답답하고, 호흡하기도 힘들 지경이었어요. 분명히 어젯밤엔 침대에 누워서 잠을 잤는데, 지금은 방 안에 둥둥 떠 있네요.

　'이게 도대체 무슨 일이야?'

　두리는 말문이 막혔어요. 벽들도 사라지고, 책상도 의자도 침대도 둥둥 떠다니고 있었어요. 그리고 주변을 떠다니는 먼지들은 왜 이리도 많은지, 내내 나오는 재채기를 멈출 수가 없었어요.

　"엄마! 어디 있어? 도대체 이게 무슨 일이야?"

　두리는 평소처럼 걷고 싶었지만, 그건 힘든 노릇이었어요. 몸무게가 갑자기 줄었는지 몸이 너무 가볍게 느껴졌어요. 걷는 것보다 차라리 깡충깡충 뛰는 게 훨씬 쉬웠어요. 게다가 쾅쾅거리며 유성들이 지구에 부딪치는 게 느껴졌어요. 두리는 자기가 있는 곳에 유성들이

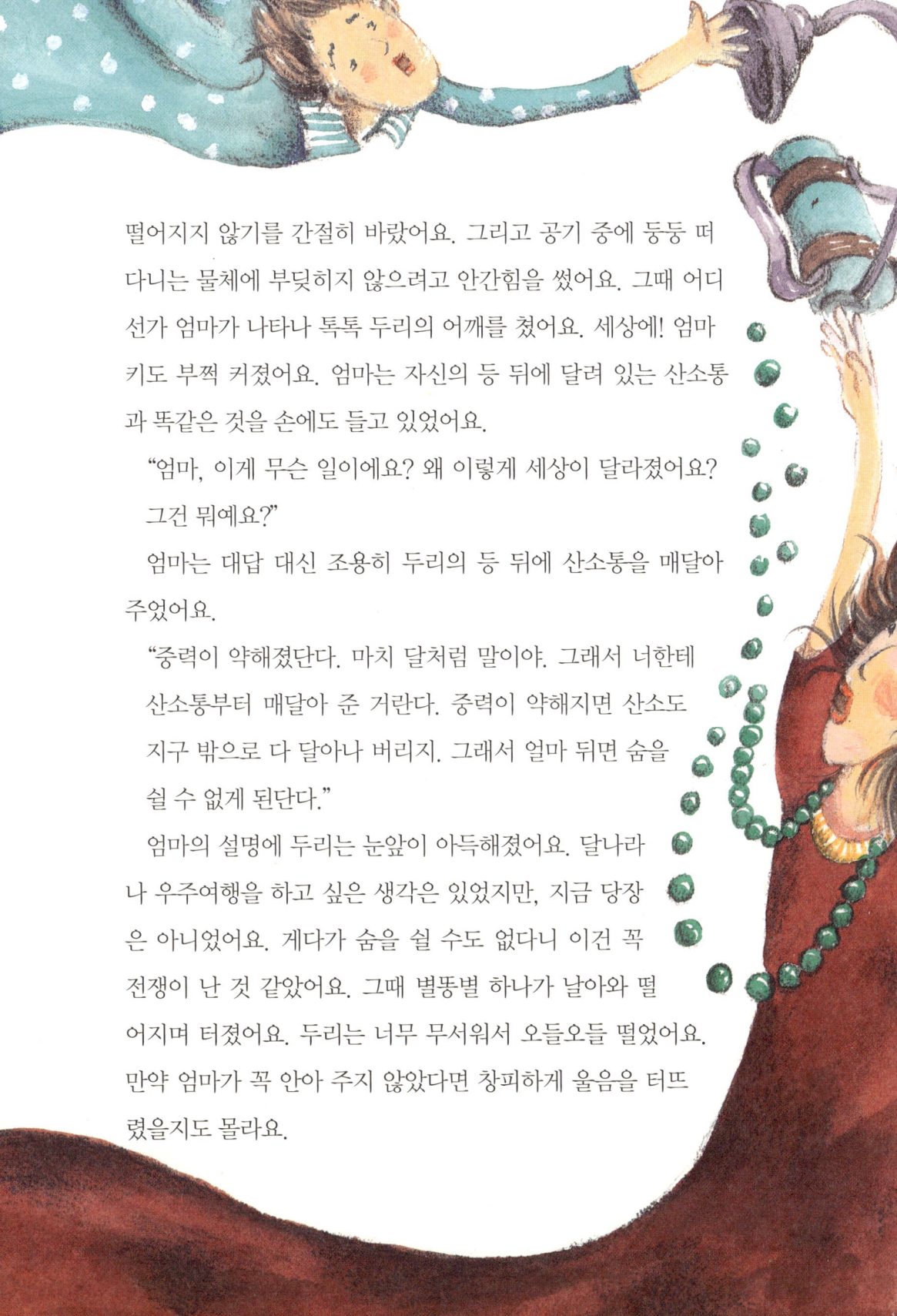

떨어지지 않기를 간절히 바랐어요. 그리고 공기 중에 둥둥 떠다니는 물체에 부딪히지 않으려고 안간힘을 썼어요. 그때 어디선가 엄마가 나타나 톡톡 두리의 어깨를 쳤어요. 세상에! 엄마 키도 부쩍 커졌어요. 엄마는 자신의 등 뒤에 달려 있는 산소통과 똑같은 것을 손에도 들고 있었어요.

"엄마, 이게 무슨 일이에요? 왜 이렇게 세상이 달라졌어요? 그건 뭐예요?"

엄마는 대답 대신 조용히 두리의 등 뒤에 산소통을 매달아 주었어요.

"중력이 약해졌단다. 마치 달처럼 말이야. 그래서 너한테 산소통부터 매달아 준 거란다. 중력이 약해지면 산소도 지구 밖으로 다 달아나 버리지. 그래서 얼마 뒤면 숨을 쉴 수 없게 된단다."

엄마의 설명에 두리는 눈앞이 아득해졌어요. 달나라나 우주여행을 하고 싶은 생각은 있었지만, 지금 당장은 아니었어요. 게다가 숨을 쉴 수도 없다니 이건 꼭 전쟁이 난 것 같았어요. 그때 별똥별 하나가 날아와 떨어지며 터졌어요. 두리는 너무 무서워서 오들오들 떨었어요. 만약 엄마가 꼭 안아 주지 않았다면 창피하게 울음을 터뜨렸을지도 몰라요.

하늘이 점점 어두워지는 게 보였어요. 좀 전까지만 해도 아침인 것 같았는데, 이처럼 빨리 저녁이 된다는 건 말도 안 되는 일이죠.

"엄마, 너무 어두워요. 좀 전에 일어났는데, 벌써 저녁인가요?"

두리의 질문에 엄마는 살며시 고개를 가로저었어요.

"그게 아냐, 두리야. 대기권을 잡고 있던 중력이 너무 약해져서 태양 빛이 공기와 함께 흩어지지 않고 그대로 통과해 버리니까 이처럼 깜깜해지는 거란다. 달에서 보면 늘 하늘이 어둡게 보이는 거랑 같단다. 좀 있으면 완전히 깜깜한 암흑세계가 될 테지만, 너무 놀라지 마."

두리는 암흑세계가 될 거란 말에 너무 놀라 엄마에게 매달렸어요.

"아악, 엄마. 이게 다 중력 때문이란 말이에요? 중력이 그렇게 중요한 건지 몰랐어요. 제발 중력을 다시 돌려달라고 하면 안 돼요?"

두리는 울음을 터트리며 엄마에게 더 매달렸어요. 그때 하늘에서 빛이 번쩍 빛났어요.

"세상에, 넌 무슨 잠꼬대를 그리 심하게 하니? 무서운 꿈을 꿨니?"

엄마가 두리를 잠에서 깨웠어요. 두리는 둘레둘레 주변을 살폈어요. 아까 펴 놓았던 책은 그대로였어요. 책 속의 달의 사진도 그대로였죠. 소파도, 탁자도 제자리에 놓여 있었고, 애완견 달콤이가 꼬리를 흔들며 뛰어와 주변을 두리번거리는 두리의 뺨을 핥았어요.

'휴우, 중력아! 정말 고마워. 이젠 도망가면 안 돼!'

두리는 속으로 그렇게 중얼거렸어요.

중력을 처음으로 발견한 뉴턴

영국의 물리학자, 수학자, 천문학자였던 뉴턴(1642~1727)은 사과나무 아래 앉아서 곰곰이 생각에 잠겨 있다가 밑으로 떨어지는 사과를 보고 영감을 얻었대요. '왜 항상 사과는 옆이나 위로 가지 않고 아래로만 떨어지는 걸까?' 라는 생각을 한 거지요. 그 결과 '우주의 모든 물체 사이에는 서로 끌어당기는 힘(만유인력)이 있다'는 유명한 법칙을 이끌어 낸 거예요. 즉 사과와 지구는 서로 끌어당기고 있는데, 지구의 힘이 더 커서 사과가 지구 쪽으로 떨어진 것이지요. 그렇다면 왜 사과는 꼭 아래로만 떨어질까요? 그것은 지구가 자전하면서 지구 중심 쪽으로 물체를 끌어당기는 힘(원심력)이 함께 가해지기 때문이에요.

뉴턴의 사과나무

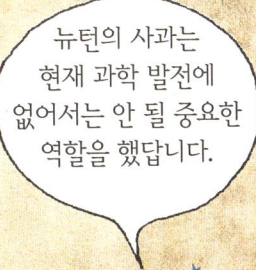

뉴턴의 사과는 현재 과학 발전에 없어서는 안 될 중요한 역할을 했답니다.

중력이 뭐예요?

질량이 있는 모든 물체는 만유인력, 즉 서로 끌어당기는 힘이 있어요. 여기에 지구가 자전하면서 생기는 힘인 원심력을 합한 것이 '중력'이에요. 간단하게 말해서 지구가 물체를 잡아당기는 힘을 '중력'이라고 불러요.

중력이 없으면 어떻게 될까요?

만약 중력이 없다면 어떻게 될까요? 아마도 지구 아래쪽에 사는 사람들은 모두 우수수 낙엽처럼 떨어져 나가겠죠? 두리가 경험한 세상처럼 어두컴컴하고, 물건들이 떠다니고, 산소가 지구 밖으로 사라져 곧 죽게 될지도 몰라요.

중력은 어디에나 있나요?

지구가 태양 둘레를 도는 것, 달이 지구 둘레를 도는 것 역시 중력의 힘으로 설명할 수 있어요. 천체끼리는 끌어당기는 힘이 있어서 그 균형이 깨지지 않고 이어지는 것이지요. 하지만 태양 둘레를 도는 행성들 사이에서도 중력의 힘은 서로 달라요. 화성은 지구 중력의 반이고, 지구의 위성인 달은 지구 중력의 6분의 1이라고 알려져 있어요. 하지만 우주 공간은 이와 달라요. 우주 공간은 중력이 없어서 물체들이 둥둥 떠다닌다고 해요. 그래서 지구인이 우주 공간으로 나가면 한없이 떠다닐지도 몰라요.

중력이 잡아당기는데 새는 어떻게 날지요?

지구에 중력이 있기 때문에 물체가 아래로 떨어지고, 물체들이 바닥에 고정될 수 있는 거지요. 지구 안의 어떤 물체나 생명체도 중력의 영향을 받기 때문에 당연히 하늘을 나는 새도, 비행기도 중력의 힘을 받아요. 그러나 새는 날개를 퍼덕이며 공기를 밑으로 밀면서 자신의 몸을 위로 끌어올리는 추진력이 있어요. 또 새의 날개 윗부분의 공기가 날개 밑 부분의 공기보다 속도가 빨라 몸을 위로 끌어올려 주는 양력도 생기지요. 이런 다른 힘들 때문에 새가 하늘을 날 수 있는 거예요. 비행기도 마찬가지 원리로 날아요.

중력이 없는 우주에서 떠다니는 우주인

무중력 상태에서 둥둥 떠다니는 기분은 어떨까? 빨리 우주여행을 하는 시대가 오면 좋겠어요.

두리가 둥실둥실 · 31

5. 지진

에티앙의 6개월

 똘망똘망한 눈망울의 에티앙은 쓰레기더미를 뒤지고 있었어요. 먹을 것이 다 떨어져 굶은 것도 며칠, 이러다간 쓰러질 것 같다는 생각에 무작정 나선 길이었죠. 쓰레기더미를 뒤지는 일은 부끄러웠지만, 당장 살아가는 일이 더 급했어요. 거기엔 에티앙 또래의 사내아이 서넛이 더 보였어요. 맨 처음 쓰레기더미를 뒤졌을 땐 부끄러운 마음이 앞서고, 누군가를 만날까 봐 자라목 움츠리듯 고개를 숙였지요. 하지만 이런 일에도 익숙해지게 마련인지, 이제는 자기보다 한 발 앞서 다른 아이들이 더 나은 걸 찾을까 봐 마음이 급했어요.
 '오늘은 운이 좋아.'
 쓰레기더미에서 누군가 먹다 버린 케이크를 발견한 에티앙은 저도 모르게 휘파람을 불었어요. 그 소리에 건너 편 자멜이 고개를 들고 맹렬한 기세로 뛰어왔고, 에티앙은 케이크를 입에 쑤셔 넣으며 달리고 또 달렸어요.
 "에티앙, 거기 서! 같이 먹자! 에잇, 치사한 놈!"
 어쩔 수 없이 에티앙은 자멜에게 작은 조각 하나를 넘겼고, 자멜은 그걸 허겁지겁 삼켰어요. 풍족한 식사는 아니었지만 허기는 면했지요. 둘은 서로의 얼굴을 손가락질하며 숨넘어가게 웃었어요. 얼굴에 케이크 조각과 크림이 뒤범벅되어 꼴이 말이 아니었거든요.

"더러운 놈! 네 얼굴 좀 봐라, 까마귀가 지나가다 '형님!' 하겠다!"

누구랄 것도 없이 서로 놀려 대다가 얼굴을 마주보고 씨익 웃었어요. 그때 무더운 지중해의 바람이 두 사람을 휘감았지요. 둘은 공동 수도로 재빨리 뛰었어요. 이미 그곳에는 아이들 서너 명이 큰 통에 받아 놓은 물을 바가지로 떠서 몸에 끼얹으며 까르르 웃고 있었지요. 두 사람도 얼른 그 사이에 끼어들었어요.

"어, 어, 차례 지켜!"

이런 말이 나왔지만 서로 비슷한 처지라 다들 눈감아 주었어요. 바가지로 여러 차례 물을 끼얹고 나니 몸도 시원해지고, 더러운 얼굴도 깨끗해졌지요.

"내 공격을 받아랏!"

"내가 대장이닷! 어디서 까부냐?"

둘은 바가지 물을 서로에게 튀기며 물장난에 빠졌어요. 한참 물장난에 빠져 있는데 갑자기 크고 검은 손이 바가지를 빼앗고, 둘의 머리를

한 대씩 쥐어박았어요.

"어디서 장난들이냐? 물 귀한 줄도 모르고 함부로 낭비하다니, 철없는 것들! 썩 집에 돌아가거라."

비록 아저씨에게 혼이 나긴 했지만, 서운하지는 않았어요. 지진이 난 뒤 깨끗한 물이 얼마나 귀한 줄은 알고 있었거든요. 꾸중으로 끝난 것만도 다행이었죠.

둘은 6개월째 살고 있는 임시 천막으로 돌아왔어요. 수십 명이 함께 살고 있는 천막 안은 후텁지근하고 공기는 탁했어요. 하지만 천막에라도 자리가 있는 걸 감사해야 할 노릇이죠. 천막에 자리가 없어서 거리에서 고생을 하는 사람들도 정말 많기 때문이에요.

6개월 전에는 에티앙에게도 번듯한 집이 있었어요. 부모님도 있었고 학교에도 다니고 있었죠. 하지만 이젠 모두 물거품이 됐어요.

6개월 전 그날, 땅이 요동치며 모든 걸 앗아갔지요. 예고도 없이 찾아온 지진은 에티앙의 모든 것을 가져갔어요. 집, 학교는 물론 사랑하는 엄마, 아빠까지 모두. 아직도 에티앙은 그날의 악몽을 꿔요. 그리고 기억해요. 엄마, 아빠가 갈라지는 땅의 힘에 휩쓸리면서도 에티앙을 살리기 위해 온힘을 다해 밖으로 밀어내던 것을, 그 엄청난 팔의 힘을…….

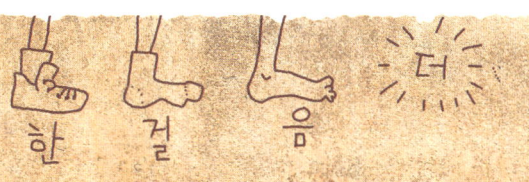
한 걸음 더

무시무시한 지진파

지진에 의해 발생하는 진동의 움직임을 지진파라고 합니다. 지진파에는 P파와 S파가 있어요. 지진이 일어나면 두 개의 지진파가 동시에 발생하지만, 속도와 방향이 서로 달라요.

이 지진파가 지나가면서 땅을 흔들거나 누르거나 부풀리지요. 그래서 땅이 갈라지고, 건물이 무너지고, 다리가 끊어지지요. 지진은 보통 짧은 시간 일어났다가 사라지지만 그 파괴력은 엄청나요. 큰 지진이 일어나면 1초에 평균 560명이 죽는다는 통계가 있어요.

게다가 그 속도는 엄청나게 빠르답니다. 지진파 중 가장 빠른 P파의 속도는 무려 음속(소리의 속도)의 약 23.5배입니다. 제트전투기가 보통 음속 2 정도인 걸 생각하면 10배나 빠른 거죠. 만약 북한의 함경도에서 지진이 발생해 우리나라 속초까지 오는 시간은 얼마나 될까요? 불과 48초 안팎이라고 하니, 지진파가 얼마나 빨리 달리는지 알 수 있죠? 따라서 지진은 짧은 시간 동안 가장 많은 재산과 인명 피해를 내는 자연재해랍니다.

지진으로 피해를 입은 지역

우리나라에서도 간간이 지진이 발생되고 있어요. 커다란 피해가 오기 전에 우리나라도 지진에 대한 충분한 연구와 준비가 필요하겠죠?

지진은 왜, 언제 일어나는 걸까요?

지구는 여러 땅덩어리가 있어요. 그 땅덩어리들은 오랜 세월에 걸쳐 움직이면서 대륙끼리 붙었다가 떨어지길 반복했지요. 이걸 연구하는 사람들은 지구가 10개의 판으로 이루어져 있고, 이것들은 맨틀 위에 떠다니는 배와 같다고 하지요. 그래서 이 판들이 평소에는 얼기설기 얽혀 있다가 위아래로 어긋나면 그동안 눌려 있던 어마어마한 에너지가 터져 나온대요. 그러면 주변을 둘러싼 암석들이 요동쳐서 거대한 힘의 물결을 일으키는데, 그것을 '지진'이라고 불러요.

지진이 잘 일어나는 곳

지진이 잘 일어나는 곳은 땅의 판과 판이 맞물리는 곳입니다.

세계 지진의 70%가 일어나는 환태평양 지진대는 태평양 연안을 띠처럼 둥글게 둘러싸고 있어요. 미국, 일본, 러시아, 캐나다, 뉴질랜드, 필리핀, 멕시코, 칠레 등의 나라가 속해요.

지중해-히말라야 지진대는 인도네시아에서 히말라야산맥을 거쳐 지중해에 이르러요. 중국, 네팔, 방글라데시, 파키스탄, 인도네시아 등의 나라가 속해요. 2010년 큰 지진으로 막대한 피해를 입은 아이티도 이 중 하나예요.

중앙 해령 지진대는 대서양 밑을 지나요. 이탈리아, 이집트, 모로코, 알제리, 아일랜드 등의 유럽과 아프리카의 여러 나라가 속해요.

우리나라는 지진에서 안전할까요?

그동안 우리나라는 판 안쪽에 위치해 있기 때문에 비교적 지진에서 안전한 나라로 생각해 왔어요. 그러나 1978년 이후 규모 5.0 이상의 지진이 다섯 번

발생했고, 2010년에는 서울을 포함한 수도권 사람들이 진동을 느낀 시흥 지진이 발생함으로써 더 이상 우리나라도 지진 안전지대가 아니라는 생각이 커졌어요. 따라서 앞으로 6.0 이상의 강진이 발생할 수도 있다는 가능성이 나오면서 지진에 대비한 시설과 훈련을 마련해야 한다는 의견이 고개를 들고 있어요. 게다가 지진은 현재 과학 기술로는 예측하기 어려우므로 조기 경보가 필요합니다. 특히 가스, 전기, 철도, 학교, 반도체 산업 및 대규모 공공시설의 피해를 최소화하기 위해 국가가 나서서 지진 조기 경보 시스템을 만들어야 해요.

전 세계의 지진대

지진이 많이 발생하는 이웃나라 일본은 지진을 대비해 항상 준비하고 있다고 해요.

6. 지구 환경

지구를 떠나고 싶어요

어느 날, 호랑이와 사자가 사람들을 찾아와 말했어요.

"우리 동물은 지구를 떠나기로 했어요. 우릴 다른 행성으로 보내 주세요."

사람들은 깜짝 놀랐어요. 동물들이 지구를 떠나겠다니 도대체 무슨 까닭일까요?

"왜 그러니? 너희들한테 무슨 일이라도 생겼니?"

호랑이가 답답하다는 듯이 가슴을 치며 말했어요.

"저희는 이제 사람들과 살고 싶지 않다고요. 사람한테는 지구가 천국일지 몰라도 우리한테는 지옥이라고요. 지구가 어디 사람들만의 것인가요?"

사자도 잔뜩 화가 난 목소리로 말했어요.

"사람들이 우리가 사는 숲과 풀밭을 마구 없애고, 우리를 마구 잡아 죽이잖아요. 그래서 우리는 지구를 떠나 사람이 없는 곳으로 가기로 결심했어요."

사자의 말은 사실이었어요. 사람들은 농사를 짓고 마을과 공장을 지으려고 숲과 풀밭을 마구 없애 버렸어요. 그것뿐만이 아니에요.

사람들이 동물을 함부로 죽이는 바람에, 동물들은 항상 두려움에 떨고 있었어요.

호랑이와 사자의 말을 들은 사람들은 할 말이 없었어요. 지금까지 자연을 닥치는 대로 파헤치고 더럽힌 것은 사실이니까요. 그때 동물들의 말을 듣던 한 할아버지가 나서며 말했어요.

"그래, 미안하구나! 그동안 너무 함부로 대한 걸 사과하고 앞으로는 너희와 사이좋게 지내도록 노력할게."

그러자 호랑이는 믿을 수 없다는 듯이 말했어요.

"사람들은 무슨 일만 생기면 우리 동물을 보호하겠다고 말해요. 그런데 지금까지 한 번도 약속을 지키지 않았잖아요."

할아버지는 갑자기 뜨끔했어요. 사람들은 무슨 일만 생기면 동물들한테 거짓말을 한 것은 사실이었거든요.

"그러면 너희는 어디로 가려는 건데?"

"저희는 어디가 좋은지 몰라요. 그렇지만 사람들은 우주선을 타고 다른 별에 다녀와서 알잖아요. 생명이

살 수 있는 곳으로 우리를 보내 주세요."

그러자 한 지혜로운 사람이 손을 저으며 말했어요.

"아니야. 그건 불가능해. 사람들이 우주선을 타고 화성까지 갔다 왔지만, 화성에는 아무것도 살 수 없다고 결론을 내렸다. 물도 없고 공기도 없고 또 얼마나 추운데……."

호랑이와 사자는 얼굴이 굳어졌어요. 사람들한테 오늘만큼은 꼭 다른 행성으로 보내 준다는 약속을 받기로 결심을 하고 왔으니까요. 그때 사자가 나서며 말했어요.

"그러면 사람들이 만든 우주선을 저희한테 다 주세요. 저희가 직접 찾아볼게요."

그러자 사람들이 말렸어요.

"소용없는 일이야. 별이 얼마나 멀리 있는데……. 얼마 가지 못해서 우주선 안에서 늙어 죽고 말걸."

호랑이와 사자는 시무룩한 표정으로 땅바닥만 내려다보았어요. 그런 호랑이와 사자를 바라보던 지혜로운 사람이 말했어요.

"우린 사람이 너희에게 정말 잘못했다. 우리 함께 지구에서 행복하게 살 수 있는 방법을 찾아보자꾸나. 그리고 앞으로는 절대로 너희를 해치지 않을게, 꼭 약속하마!"

호랑이와 사자는 비로소 고개를 끄덕이며 숲 속으로 돌아갔어요.

무리한 벌목으로 몸살을 앓는 아마존

숲의 나무를 베는 것을 벌목이라고 하는데요, 현재 이 벌목 때문에 지구 환경에 위기가 왔어요. 아마존이라는 열대우림을 아시나요? 브라질에 속해 있는 이 열대우림은 지구 대기 중 산소의 10% 이상을 생산하고 있어요. 그래서 아마존의 별명은 지구의 허파죠. 그 면적이 어마어마할 뿐 아니라, 지구의 동식물 중 15%가 이곳에 살고 있다고 하니 지구의 기후나 생태계에 큰 영향을 미치고 있는 아주 중요한 곳입니다.

하지만 현재 이 아마존이 몸살이 났어요. 아마존 개발 때문이죠. 사람들은 아마존을 보호해야 한다는 생각보다는 개발해 돈을 벌려는 마음을 더 큰 것 같아요. 현재 이곳의 일부를 벌목해 목축지로 활용하거나 콩과 사탕수수 등을 재배하는 농경지로 바꾸고 있어요. 이로 인해 현재 아마존 면적의 거의 20%가 파괴되었다고 합니다. 이렇게 되면 얼마 가지 않아 아마존은 지구의 허파 구실을 하지 못하게 되겠죠.

현재도 무리한 자연 파괴나 오염 등으로 이상 기온 현상이 자주 나타나는데 아마존까지 파괴되면 훗날 우리 지구는 어떻게 될까요. 이런 걱정으로 국제사회에서는 아마존을 파괴하고 있는 브라질 정부에 압력을 넣고 있어요. 하지만 브라질은 아마존을 보존하기보다는 더욱 개발하고 싶어 한다고 해요. 앞으로 아마존은 어떻게 될까요?

개발되고 있는 아마존 열대 우림

지구와 비슷한 곳이 우주에 또 있을까요?

우리는 우주 어딘가에 지구와 비슷한 천체가 또 있을 거라고 믿고 있습니다. 그래서 그런 천체를 찾으려고 노력해 왔지만, 생명이 살 수 있는 천체를 지구 말고는 아직 못 찾았습니다. 하지만 우주에는 상상할 수도 없이 수많은 별이 존재하므로 우리의 태양과 크기도 비슷하고, 내뿜는 빛과 열도 비슷한 별이 있을 거라고 학자들은 주장하고 있답니다. 그런 별과 알맞은 거리에 떨어져, 지구와 비슷한 환경을 가진 행성이 있다면, 지구처럼 생물이 살 수도 있겠지요?

사람들은 옛날부터 우주 어딘가에 지구처럼 생명체가 있는 곳이 있을 거라고 상상해 왔습니다. 그리고 그런 상상은 과학이 발달한 오늘에 와서 우주선을 보내어 직접 생명체를 찾아보려는 노력으로 이어지고 있습니다.

달에서 본 지구

그러면 우리는 왜 다른 생명체를 찾는 것일까요? 그것은 우리가 사는 지구가 앞으로 어떻게 될지 아무도 모르기 때문입니다. 만일 생명체가 있는 천체를 찾게 된다면, 지구의 환경이 몹시 나빠질 경우에 그곳으로 갈 수도 있을 것입니다.

생명이 있는 또 다른 천체가 존재할까요? 꽃과 물, 산이 있어 우리들이 살 수 있는 그런 천체를 찾기 위해 아직도 수많은 과학자들이 우주 곳곳을 살펴보고 있어요.

생활 속에서 발견하는 우주의 질서

옛날 사람들은 태양, 별, 달을 보면서 우주에도 질서가 있다는 것을 알았습니다. 그중에서도 태양이 떠 있는 시간이 계절마다 바뀌는 것을 따져서 만든 24절기를 꼽을 수 있습니다. 24절기를 크게 4가지로 나눈 것이 춘분, 하지, 추분, 동지입니다.

봄의 춘분과 가을의 추분은 밤과 낮의 길이가 같습니다. 하지는 1년 중 낮이 가장 긴 날이고, 동지는 밤이 가장 긴 날입니다. 춘분이 지나면 낮이 차츰 길어지고 날씨도 더워지죠. 거꾸로 추분이 지나면 밤이 차츰 길어지고 날씨도 추워집니다. 이러한 일은 해마다 똑같이 일어납니다. 그 까닭은 지구가 태양 주위를 언제나 어김없이 똑같은 길로 돌기 때문입니다.

입춘, 입하, 입추, 입동은 계절의 시작을 알리는 절기입니다. 1년 중 가장 추운 때임을 알리는 소한과 대한, 가장 더운 때임을 알리는 소서와 대서 등도 24절기에 속합니다.

7. 자연재해

청개구리의 경고

준이와 혁재가 집으로 돌아오는 길이었어요. 학교 운동장에서 축구를 한 뒤라서 온몸이 땀으로 끈적거렸지요.

"날이 더워서 그런가? 오늘따라 땀도 많이 나고 끈적거리는 게 기분이 별로야."

혁재가 이렇게 투덜거렸어요.

"장마철이라 습기가 많아서 더 그럴 거야. 이럴 땐 불쾌지수가 높아진다잖아?"

준이는 또박또박 대답하면서 옷소매로 비 오듯 쏟아지는 땀을 닦았어요. 그때 윗옷 주머니에 넣어 두었던 안경이 떨어졌어요. 안경을 주우려고 허리를 굽히던 준이는 개미들이 떼를 지어 어디론가 향하는 걸 봤어요.

"어라, 이거 봐라. 개미들이 다 어디로 가는 거지?"

준이는 아예 무릎 꿇고 앉아 개미들의 이동을 관찰했어요.

"또 시작이냐? 개미 떼가 어디로 가든 무슨 상관이냐? 더운데 얼른 집에 가서 목욕하고, 아이스크림이나 먹었으면 좋겠다."

혁재는 준이의 행동이 못마땅한지 투덜댔어요. 하지만 준이는 혁재의 이야기가 들리지도 않았어요. 개미들의 행렬이 끝없이 이어진다는 것은 뭔가 나쁜 일이 벌어질 징조란 생각이 들었기 때문이죠.

"개미 꽁무니는 그만 쫓고, 얼른 집에 가자, 응?"

혁재는 눈앞에 아이스크림이 어른거려서 더 이상 준이를 두고 볼 수 없었지요. 그래서 준이의 티셔츠를 잡아끌며 갈 길을 재촉했어요. 하지만 꼼짝도 안 하는 친구를 막무가내로 끌고 갈 수도 없어서 하는 수 없이 준이 옆에 앉았어요.

"개미 떼가 왜 이동하는 거야?"

"동물들은 사람보다 감각이 발달해서 자연재해를 미리 안대. 개미 떼가 이동하는 건 큰비가 내릴 징조야."

그 말에 혁재는 기겁했어요.

"그러면 재빨리 집으로 피해야지, 여기서 뭐하는 거야?"

혁재가 있는 힘껏 준이를 잡아끄는 바람에 준이도 간신히 발길을 돌렸어요. 그런데 몇 발짝 못 가 더욱 놀라운 광경을 마주했어요. 청개구리 떼가 수십 미터는 늘어서 있었고, 그 행렬은 산으로 향하고 있었지요.

"서, 설마! 저거 청개구리 맞아? 재들도 무서워서 미리 피하는 거야?"

혁재는 더럭 겁이 나서 준이 뒤로 숨으며 물었어요.

"아마 그럴 거야. 이거 정말 신기한 광경인걸."

준이는 핸드폰을 꺼내 이 장면을 담느라 열을 올리고 있었어요. 혁재도 멀찍이 서서 청개구리의 대이동을 지켜보았어요.

"그나저나 큰비가 오려나 보다. 뭐해? 빨리 가자!"

이젠 오히려 준이가 혁재를 재촉했어요. 처음 보는 광경에 어안이 벙벙했던 혁재도 얼른 집에 가야겠단 생각에 발걸음을 빨리했어요.

그날 밤이었어요. 천둥번개가 요란하더니 큰비가 쏟아졌어요.

"양동이로 퍼붓는 거 같네! 이러다간 물난리가 나겠다."

베란다에서 장대비가 퍼붓는 걸 지켜보던 혁재 엄마는 근심스런 얼굴이었어요.

'아, 개미 떼와 청개구리의 이동! 큰비가 올 징조라더니!'

혁재는 아까 보았던 장면을 엄마에게 얘기했어요. 엄마도 고개를 끄덕이며 이렇게 말했어요.

"그래, 동물들은 미리 알고 대피한다더라. 그나저나 별일 없는지 뉴스라도 보자꾸나."

텔레비전을 켜니 홍수에 길이 끊기거나 자동차가 물에 잠긴 장면이 연달아 나왔어요. 준이 말대로였어요. 장대비는 멈출 기미가 안 보였어요. 자기가 사는 아파트도 떠내려갈까 봐 혁재는 깊이 잠들지 못했어요.

한 걸음 더

자연재해의 피해를 막는 법

환경오염, 자연파괴 등으로 인해 옛날보다 자연재해의 피해가 더 극심해지고 있어요. 피해를 막거나 최소화하기 위해서는 어떤 노력이 필요할까요?

▶ **정확한 예측과 분석의 일기예보**
기상위성이 관측한 자료와 과학자들의 연구로 태풍, 지진, 해일 등을 미리 예보하고, 사전 대비와 대피 요령을 알린다.

▶ **자연재해를 막기 위한 철저한 예방**
둑이나 댐, 방파제 등의 시설을 미리 살펴 정비하고, 사람들이 사는 곳으로 물이 넘치지 않도록 대비한다. 저수지나 댐 등의 건설로 많은 물이 넘칠 때 물의 양을 조절할 수 있도록 한다.

▶ **자연재해 발생 시 신속한 대피와 복구**
자연재해가 발생했을 때 신속히 복구하고, 대피할 수 있는 국가 차원의 상설기구를 만든다.

▶ **안전교육과 자연재해 예방 교육을 실시**
국민들에게 교육기관이나 언론 매체 등을 통해 재해 예방 교육 및 안전교육을 실시한다.

기상청

댐

태풍도 자연재해인가요?

요새 뉴스를 틀면 지진이나 해일, 태풍으로 인해 많은 피해를 입은 나라들의 뉴스를 접합니다. 우리나라도 태풍의 피해를 많이 받는 나라 중의 하나입니다.

태풍이 힘이 쎈 이유

큰 건물을 통째로 무너뜨릴 정도로 센 바람을 '태풍'이라고 불러요. 그런데 고약하게도 태풍은 센 바람과 함께 물 폭탄을 데려와요. 강한 바람이 불고 엄청나게 많은 양의 비가 한꺼번에 내리기 때문에 집이나 논이 물에 잠기고, 사람들이 죽는 등 큰 피해가 생겨요.

태풍은 따뜻하고, 습기가 많은 열대 바다에서 만들어져요. 그곳에서 생기는 많은 양의 수증기가 위로 상승하면서 차가운 물방울로 변하고, 그때 가지고 있던 어마어마한 양의 에너지를 내뿜어요. 이때 지구가 자전하면서 생기는 힘이 더해지면 강력한 회오리바람이 생깁니다. 이때 중심의 바람이 초속 17m 이상이면 '태풍'이라고 불러요.

한편 홍수는 태풍이나 집중호우 등으로 인해 강의 물이 불어 넘쳐 주변 집이나 논 등을 덮치는 현상을 말해요.

태풍이 우리나라로 다가오는 모습

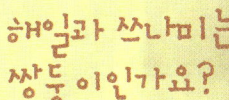
해일과 쓰나미는
쌍둥이인가요?

　해일은 폭풍이나 지진, 화산폭발 등에 의하여 바닷물이 비정상적으로 높아져 육지로 넘쳐 들어오는 현상이에요. 폭풍 때문에 생기는 것은 폭풍해일, 지진이나 화산 폭발로 생기는 것은 지진해일로 나눌 수 있어요. 특별히 지진해일을 '쓰나미'라고 불러요. 일본이나 필리핀 등이 쓰나미의 피해를 많이 입었어요. 화산의 천국인 일본에서 자주 발생하여 아예 일본에서 불렸던 이름인데, 이젠 전 세계적으로 쓰이게 됐어요. 높이는 거의 30~40m 정도 되지요.
게다가 최근에는 '쓰나미'가 여러 지역에서 발생해 막대한 재산과 인명 피해를 입히고 있어요.

해일

8. 구름

구름의 여행

나는 물방울이에요. 와글와글 시끄럽게 떠들어대는 친구들과 함께 공중에 떠 있어요. 사람들은 우릴 '구름'이라고 불러요. 쳇! 난 자존심 강한 물방울이라 저들 모두와 똑같이 취급받는 게 싫지만 말이에요. 에휴, 모습이 거의 비슷하니 우르르 몰려 있어서 이런 대접을 받는 것쯤은 할 수 없죠, 뭐.

"이야, 이렇게 하늘 위에 떠 있으니까 저 밑에 인간들이 아주 조그맣게 보인다. 그렇지?"

옆의 친구가 이렇게 말을 걸었어요.

"어디 인간들뿐이겠어? 집채만 한 빌딩도 우습게 보이는 걸, 뭐!"

난 시큰둥하게 대답했지만 이 친구는 나랑 친해지고 싶은지 자꾸 말을 걸어 왔어요.

"넌 어디어디 가 봤어? 난 세상 구석구석 안 가본 데가 없어. 그러니 궁금한 게 있으면 나한테 다 물어보라고, 응?"

그때 밑에서 찬 공기가 자꾸 불어서 더운 공기를 밀어내면서 점점 내 주변으로 모여드는 물방울 친구들이 많아졌어요. 나는 숨이 막히는 걸 느꼈어요. 옆의 친구들의 몸집이 커지는 게 느껴지고, 어느새

 내 몸도 점점 자랐어요. 우리들이 모인 구름 역시 점점 뚱뚱해지고 두꺼워지고, 조금 전까지 잘 보이던 아래쪽 세상이 어둡게 보였어요.
 "앗, 먹구름이다! 비가 오려나 봐. 어서 집으로 돌아가자."
 그러면서 한 엄마가 아이를 안고 집 안으로 들어가 버렸어요. 우리를 대체 어떻게 생각하길래 저렇게 피하다니, 난 기분이 좀 나빴어요. 바로 그때였어요. 서로 몸집이 커지면서 부딪치던 우리들은 결국 무게를 견디지 못하고 아래로 떨어졌어요.
 후두두둑!
 나는 빗방울이 되어 빠른 속도로 땅으로 떨어졌어요. 어찌나 아찔하고 무서운지 정신을 차릴 수가 없었어요. 땅으로 떨어진 빗방울들은 옹기종기 웅덩이에 다시 모였어요. 다른 빗방울들도 거세게 내려와서 부딪히는 바람에 나는 아파서 큰 소리를 질렀어요.
 "조금만 참아. 이런 우리를 보고 사람들은 소나기라고 불러! 좀 있으면 그치고, 해가 다시 날 거야. 그럼 우린 다시 하늘로 돌아갈 수 있어."

그러고 보니 아까 옆에 같이 있던 친구네요. 그 친구는 마치 제 잘못이기나 한 듯 나를 위로했어요.

"어, 그런데 하늘로 다시 돌아갈 수 있다는 건 무슨 말이야?"

내 물음에 친구는 씽긋 웃더니 이렇게 말했어요.

"넌 아직 어려서 내 말을 이해 못하겠지만, 곧 알게 될 거야. 이제 다시 하늘이 개고 태양이 다시 고개를 내밀면 우린 곧 돌아갈 거야, 하늘로……."

나는 고개를 갸우뚱거렸어요. 얼마 뒤 말간 해님이 다시 고개를 내밀었어요. 그러자 곧 몸이 햇볕을 받아 투명해지고 가볍게 두둥실 떠오르는 것을 느꼈어요. 놀란 내가 고개를 들자 옆의 친구가 재빠르게 말했어요.

"우린 이제 다시 하늘로 가는 거야. 지금 우리의 이름은 수증기야. 액체에서 기체로 변하는 거지. 여기서 우린 이별해야겠다. 운이 좋으면 다시 하늘에서 만날 수 있을 거야. 아까 만났던 것처럼 구름 속에서 말이야."

내가 작별 인사를 하기도 전에 친구는 형체도 없이 사라졌어요. 나도 두둥실 떠오르며 하늘로 날아오르는 걸 느꼈죠. 하늘로 올라가면서 점점 추워지는 게 느껴져 나도 모르게 오들오들 떨었어요. 곧 몸이 얼어붙기 시작했어요. 그러면서 나처럼 얼어붙은 친구들을 만나게 되었어요. 우리는 한곳에 오밀조밀 모이기 시작했어요. 어, 그러고 보니 아까처럼 내가 하늘에 떠 있는 게 아니겠어요? 다시 구름이 된 거예요!

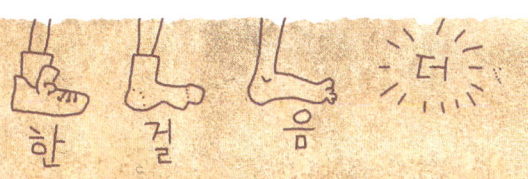

이슬, 안개, 구름의 차이

이슬, 안개, 구름은 모두 수증기를 머금은 공기의 온도가 낮아지면서 응결하여 만들어진 겁니다. 그러나 분명한 차이점이 있어요. 야간에 땅 근처에서 온도가 낮아 생기는 물방울을 '이슬'이라고 부르고, 이슬이 얼어붙으면 '서리'라고 불러요.

한편 안개는 구름과 거의 비슷하지만, 하늘 높이 올라가지 않고 땅 가까이에서 만들어진 것을 말해요. 사람들의 가시거리 안에 있기 때문에, 안개가 낀 날은 시야가 흐려 자동차 사고 등이 나기 쉽지요.

구름은 여러 모양이 있고, 색깔도 각기 달라요. 그 이유는 무엇일까요? 구름에서 빛이 반사되는 정도가 다르기 때문이지요. 작은 물방울이 많이 모여 있을 때는 흰색, 큰 물방울이 많이 모이면 짙은 회색으로 보여요. 빗방울이 서로 뭉쳐서 물방울의 간격이 커지면 빛이 안쪽까지 통과하기 때문에 반사되는 빛의 양이 줄어들어서 구름이 시커멓게 보이지요. 이게 바로 먹구름이에요.

이슬

안개

흰구름

구름은 어떻게 만들어질까요?

하늘을 보세요. 구름이 떠 있죠? 우리는 늘 구름을 보고 있지만 구름이 어떻게 생기는지, 왜 생기는지 잘 몰라요. 구름에 대해 알아봅시다.

공기덩어리가 높이 올라가야 구름이 생겨요!

구름이 만들어지려면 공기덩어리가 높이 하늘로 올라가야 하지요. 그런데 거대한 공기덩어리는 아무 때나 위로 올라가지 않아요. 저기압 중심으로 공기가 계속 모여들면 공기가 더 이상 갈 곳이 없어져 하늘 위로 올라가는 경우가 있고 또 공기가 바람을 따라 움직이다가 높은 산을 만나면 위로 넘어가게 되는데, 이때 공기덩어리가 산을 넘으면서 위로 올라가기도 합니다. 또 한여름의 태양은 땅을 뜨겁게 데우지요. 그때 땅 위의 공기가 열을 받아 뜨거워지는데, 더운 공기는 하늘로 올라가지요. 이때 하늘로 올라간 공기가 차가운 공기덩어리와 만나면 구름이 생기는 거예요.

구름이 얼음 알갱이라고요?

물을 끓이거나 바다에서 증발하거나 우리가 코로 내보낼 때 생기는 수증기는 모두 기체이기 때문에 우리 눈에 잘 보이지 않아요. 그러나 이런 수증기들이 높은 하늘로 올라가면, 차가운 기온

구름 속에는 물방울과 수증기, 그리고 얼음알갱이가 들어 있어요.

때문에 물방울이나 얼음 알갱이로 변하는데, 이것이 바로 '구름'이에요. 그런데 구름이 아래로 떨어지지 않고 하늘에 떠 있는 이유는 무엇일까요? 구름을 만드는 물방울이나 얼음 알갱이는 크기가 매우 작아요. 질량도 백만 개 정도가 모여야 겨우 1g이 될 정도로 가볍기 때문에 언제나 공중에 떠 있을 수 있는 거예요.

먹구름의 색은 검은색이 아니라고요?

구름은 왜 하얗거나 까맣게 보일까요? 그것은 바로 햇빛 때문입니다. 햇빛이 구름 속의 물방울에 비쳐서 그렇게 보일 뿐입니다. 구름 속의 물방울이 굵으면 구름은 시커먼 먹구름이 되고, 물방울이 자잘하면 흰 구름으로 보입니다. 그렇지만 구름은 색깔이 없습니다. 물이 색깔이 없듯이, 구름 속의 물방울도 마찬가지로 색깔이 없는 거죠.

먹구름

9. 대기권

너만 잘난 게 아니야!

어느 날, 나뭇잎에서 빠져 나온 산소는 생각했어요.

'공기 중에 나만큼 중요한 게 어디 있어? 내가 없다고 해 봐. 지구의 생물들은 모두 죽고 말걸?'

사실 산소는 요즘 몹시 기분이 상해 있었어요. 며칠 전에 공기들의 모임에 가서 자기 자랑을 하다가 다른 공기들에게 핀잔을 들었거든요.

"나는 말이야, 없어서는 안 되는 매우 중요한 공기란다. 만일 내가 없으면 지구에는 아무것도 살수 없을 거야. 나무도 풀도 사람도 호랑이도 벌레도 다 죽고 말 거야."

그러자 다른 공기들이 모두 벌떼처럼 들고 일어서며 말했어요.

"뭐라고? 말도 안 되는 소리 하지 마! 너는 우리 같은 공기 가운데 하나일 뿐이라고. 우리도 너 못지않게 지구의 생명들이 살아가는

데 중요하단 말이야."

그러자 산소는 콧방귀를 뀌며 말했어요.

"흥. 좋아! 그럼 누가 더 중요한지 알아보자."

"그래. 좋아!"

산소를 비롯한 공기들은 생명이 있는 것들에게 어떤 공기가 더 중요한지 물어보기로 했어요. 그래서 산소는 먼저 나무에게 가서 물었어요.

"나무야! 너는 공기들 가운데 누가 가장 중요하다고 생각하니? 아마 너에게는 내가 가장 중요할걸? 내가 없으면 숨을 못 쉴 테니까."

그러자 나무는 고개를 저었어요.

"산소도 중요하지만, 다른 공기들도 너 못지않게 중요해. 이산화탄소는 내가 햇빛을 받아 광합성을 하게 해 주고, 질소는 내가 건강하게 자라도록 뿌리로 양분을 공급해 주거든."

뜻밖의 대답을 들은 산소는 이번에는 물고기에게 물었어요. 물고기는 산소가 가장 중요하다고 말해 줄 것 같았기 때문이죠.

"안녕, 물고기야! 넌 물에 녹아 있는 산소가 없으면 살 수 없지? 숨을 못 쉴 테니까."

"그야 물론이지. 나는 산소 덕분에 숨을 쉬는걸! 그렇지만 산소 말고도 다른 공기들의 도움도 많이 받고 있단다."

그러자 산소가 짜증 섞인 목소리로 물었어요.

"누가 또 널 보살펴 준단 말야? 나 말고 누가 있는데?"

"그야 너를 포함한 모든 공기지. 질소와 이산화탄소는 지구를 감싸고 있어서 지구의 열이 우주로 새어 나가지 못하게 해 줘. 그렇지 않으면 지구가 낮에는 몹시 뜨거워졌다가, 밤이 되면 열이 우주로 빠져 나가 몹시 추워진단다. 또 오존이라는 공기는 지구에 조금밖에 없지만, 자외선 같은 해로운 빛을 막아 우리를 지켜 준다고."

산소는 갑자기 시무룩해졌어요. 지금까지 오로지 자기 때문에 생명이 살 수 있는 거라고 생각해 왔거든요. 옆에서 다른 공기들이 산소를 비웃고 있었어요. 그때 이 광경을 지켜보던 토끼가 다정하게 말했어요.

"산소야, 나는 그래도 네 덕분에 숨을 쉴 수 있어서 참으로 고맙게 생각해. 그리고 질소도 이산화탄소도 우리 생명이 있는 것들한테는 모두 모두 소중하단다."

산소에게는 많은 것을 느낄 수 있었던 하루였지요.

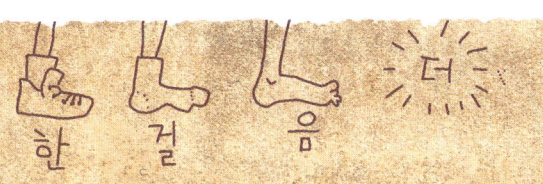

거대한 빌딩을 만드는 이산화탄소

이산화탄소는 식물이 광합성을 하는 데 꼭 필요한 공기입니다. 또 바닷속 생물들한테도 꼭 필요합니다. 그중에서도 산호나 조개 같은 것들은 자신들의 딱딱한 껍질을 만드는 데에 이산화탄소를 씁니다. 이렇게 만들어진 껍질은 석회질로 되어 있습니다.

이런 산호와 조개가 죽으면 석회질로 된 껍질은 바다 밑바닥에 계속 쌓입니다. 이렇게 쌓인 껍질은 오랜 시간이 지나면, 석회암이라는 바위로 변합니다. 석회암은 우리 생활에 매우 널리 쓰입니다. 건물을 짓거나 길과 다리를 놓는 데 쓰이는 시멘트의 원료입니다. 영월, 제천, 단양 같은 지역은 석회석이 많이 생산되는 고장입니다. 이 지역은 바로 오랜 옛날에는 바닷속이었거든요.

산호와 조개

시멘트 공장

별로 필요할 것 같지 않던 이산화탄소가 우리 생활에도 아주 요긴하게 쓰이고 있었네요.

공기는 숨 쉴 때만 쓰는 게 아니라고요?

아무것도 없어 보이는 하늘에는 우리가 살아가는 데 꼭 필요한 공기가 있어요. 공기가 없다면 우선 인간은 숨을 쉬지 못해 죽고 말아요. 하지만 공기는 인간이 숨을 쉴 수 있게 도와주는 역할만 하는 것이 아니랍니다. 훨씬 중요한 일들을 많이 하고 있어요. 공기 중 이산화탄소와 오존에 대해 알아볼까요?

이산화탄소는 지구를 지키는 거대한 비닐하우스래요!

이산화탄소는 지구를 감싸고 있는 비닐하우스라고 할 수 있습니다. 지구가 너무 뜨겁거나 차갑지 않게 온도를 조절해 주지요.

어디 그뿐인가요? 식물들의 잎은 이산화탄소를 빨아들여 광합성을 합니다. 그리고 광합성을 통해서 자기한테 필요한 영양분을 만들어 몸에 쌓아 둡니다. 동물들은 바로 이런 식물을 먹고 삽니다.

지구에 이산화탄소가 많아지면 어떤 일이 벌어질까요?

지구는 담요를 몇 겹 더 뒤집어쓴 것처럼 무척 더워질 거예요. 그러면 생물들은 찜통 같은 지구 안에서 살아야 하는데, 대부분의 동식물들은 살아남지 못할 것입니다.

그렇지만 지구는 자신의 환경을 스스로 조절하는 힘이 있습니다. 이산화탄소의 양이 늘 균형을 이루도록 하고 있습니다.

태양으로부터 지구를 보호하는 오존

햇빛 속에는 생물한테 몹시 해로운 자외선이라는 빛이 있습니다. 사람이 자외선을 많이 쬐면 눈이 망가지거나 피부암 같은 병에 걸리기도 합니다. 또 식물들은 엽록소가 파괴되어 말라 죽고 맙니다.

그러나 다행히도 지구에는 자외선을 막아 주는 오존이라는 공기가 있습니다. 오존은 에베레스트 산보다 훨씬 높은 곳에서 대부분의 자외선이 땅에 닿기 훨씬 전에 막아 주고 있지요.

하지만 최근 오존층이 파괴되고 있습니다. 아래의 그림은 나사가 제공한 자료입니다. 아래의 푸른 원은 오존홀이라고 부릅니다. 남극 성층권의 오존이 급감하면서 구멍이 뚫린 것처럼 낮은 농도의 장소가 생긴 것입니다.

오존홀

오존층이 계속 파괴되어 간다면 지금처럼 한가롭게 햇볕을 받으며 산책하는 일도 위험한 일이 되겠네요.

10. 환경오염

회색 곰과 딱정벌레

회색 곰 토비는 먹이를 찾아 어슬렁거리다가 화가 나서 견딜 수가 없었어요. 겨울잠을 자기 전 실컷 배를 채우려고 한 모든 노력이 수포로 돌아간 거예요. 이게 다 고 쌀알만한 딱정벌레 때문이에요.

토비가 좋아하는 먹이는 바로 '화이트 바크 파인'이라는 소나무에 달리는 잣이에요. 500kg에 육박하는 거구의 회색 곰이 왜 고깟 자잘한 먹이에 매달리느냐고요? 모르시는 말씀! 잣은 기름기가 많고 고소한 맛도 일품, 게다가 쫄깃하게 씹히는 맛도 좋지요. 어디 그뿐인가요? 잣은 예로부터 불로장생의 식품, 신선의 식품으로 사랑받아 왔을 만큼 좋은 음식이지요. 크기는 작지만 영양가가 풍부하고 칼로리가 높아서 오랜 겨울잠을 자는 회색 곰이 먹기엔 안성맞춤인 고칼로리, 고단백 영양식이란 말이지요.

그런데 고, 고, 고 깨알만한 '소나무좀'이란 딱정벌레 녀석들이 어느새 이렇게 높은 곳까지 몰려 들어와선 마구잡이로 화이트 바크 파인을 제 집 삼아 드나들더니, 결국엔 이런 사단을 내고 말았지요.

양심이라곤 털끝만큼도 없는 녀석들은, 소나무 안에 하나둘 알을 낳기 시작하더니, 결국 푸릇푸릇하게 살아 숨 쉬던 소나무를 제 명도 못 채우고 저 세상으로 가게 만들어 버린 거예요. 그 녀석들이 떼지어 다니면 얼마 못 가 소나무는 말라 죽고, 그 안에선 녀석들의 자손들이 우글거리며 기어 나오는 것이지요. 이 녀석들은 온 세상의 골칫거리예요. 회색 곰은 얼마 전 인간들이 녀석들을 잡겠다고 기를 쓰는 모습을 먼데서 지켜보기도 했지요.

"이 녀석들은 익사시키거나 태워 죽여야 돼. 안 그러면 소나무들이 다 죽고 말 거야. 그렇게 되면 곰들도 영영 사라질 지도 몰라."

"송진을 내서 죽이거나 산불로 태워 죽이는 방법이 어떨까?"

토비는 멀리서 인간들이 이야기하는 소릴 들었어요. 그러더니 소나무를 긁어 송진을 내서 딱정벌레들을 죽이는 듯했지요. 여기저기 산불을 내기도 했어요. 토비는 인간들이 하는 짓을 그냥 지

켜보기로 했지요. 그러나 얼마 뒤 그런 노력들이 다 헛수고에 지나지 않았다는 게 밝혀졌어요. 이 녀석들은 잠시 소탕되는 것 같았지만 시간이 좀 지나자 이전보다 더 떼지어 나타났거든요. 녀석들이 지나간 자리엔 소나무들이 모두 말라 죽었지요.

녀석들이 나타나기 전, 토비는 어슬렁거리며 소나무에 달린 잣을 훑어 배불리 먹고 겨울잠에 들면 그만이었지요. 그러나 지금은 온종일 돌아다녀도 먹을 만한 잣을 찾기 힘들어요. 다 녀석들 때문이에요. 그러니 화가 안 나고 배기겠어요?

녀석들은 사실 이렇게 높은 고지대엔 나타나지도 않았어요. 여긴 산허리와는 달리 추운 곳이었기 때문이죠. 그런데 언젠가부터 이곳의 기온이 조금씩 오르기 시작했어요. 예전엔 꽤 서늘했는데, 지금은 몸을 휘감는 공기가 포근한 산들바람 정도로 느껴졌어요. 화가 난 토비는 소나무 아래 벌렁 누워 있는데, 사람들의 발자국 소리와 두런거리는 말소리가 들렸어요.

"어이, 스톤 박사. 이것 좀 봐. 이 소나무도 말라 죽었어. 소나무좀의 습격을 받은 모양이군. 큰일이야. 날씨가 5도 이하로 열흘만 떨어져도 이 녀석들이 버티지 못할 텐데……."

"지구온난화가 딱정벌레를 여기로 인도한 거지, 뭐. 전엔 여기로 올 생각도 못했던 놈들 아닌가? 여기 온도를 좀 봐! 이렇게 따스해졌으니……. 이 녀석들은 이제 알도 매년 낳는다네. 옐로스톤의 소나무도 거의 고사했어. 여기 로키산도 그렇게 될 날이 멀지 않았지. 큰일이야."

한 걸음 더

지구 생태계를 바꾸는 온난화

사람들이 마구잡이로 파헤쳐 놓은 자연, 산업화로 인한 대기오염, 자외선을 걸러주는 오존층이 파괴되면서 지구가 점점 더워지고 있어요. 이를 '지구온난화'라고 불러요. 이 때문에 해충들이 극성을 부리고, 극지방의 빙하가 녹고, 폭염으로 생명체가 죽어 나가요. 또 쌀알만한 딱정벌레 때문에 평화롭게 살아가던 회색 곰이 살아갈 터전을 잃게 된 것처럼, 생태계 파괴가 심해지고 있어요. 이를 막지 못하면 땅이 물에 잠기고, 물고기들이 죽어서 떠오르고, 생명체들이 질병과 해충에 시달릴 거예요.

해충 피해

빙하가 녹아 갈 곳을 잃은 북극곰

환경오염으로 생기는 지구촌 변화는 뭘까요?

지난 수십 년 간 지구는 환경오염으로 몸살을 앓고 있어요. 사람들이 쓰고 마구잡이로 버리는 쓰레기로 지구촌이 거대한 쓰레기장으로 변하고 있지요. 쓰레기를 땅에 묻거나 태우거나 바다에 버리지만, 이로 인해 나타나는 환경오염도 새로운 골칫거리지요.

소나 양을 기르기 위해 숲의 나무를 마구 베고, 그 자리에 건물을 지으면서 땅의 샘물이나 지하수가 말라버려 지구 곳곳에 새로운 사막들이 많이 생기고 있어요. 쓸모없는 땅이 늘어나는 것도 문제지만, 이 때문에 환경오염이 더 심각해지는 것도 큰 문제예요.

산성비나 황사도 큰 문제예요. 공장이나 자동차 등에서 나온 매연이 공기를 떠돌다가 수증기를 만나 비가 되어 내리는 게 산성비예요. 황사는 중금속을 포함한 모래바람이지요. 이 둘은 중금속을 포함하고 있어서 사람들에게 호흡기 질환 등의 질병을 일으키고, 나무나 식물을 말라 죽게 하거나 강과 하천을 오염시키지요.

지구를 지키기 위해선 뭘 해야 할까요?

전 세계 모든 나라 사람들이 환경오염을 막기 위한 노력이 절실히 필요하다는 걸 깨달았어요. 그래서 각 나라는 공장의 폐수나 가스, 자동차 배기가스 등 환경오염을 심각하게 만드는 요인을 줄이자는 약속을 했지요. 또 나라나 기업들은 공해를 일으키는 석유, 석탄 등의 에너지 대신 수력, 풍력, 전기 등의 대체에너지를 개발하는 데 힘쓰고 있답니다.

그러면 우리들은 어떤 일을 해야 할까요?

★ 물이나 에너지를 아껴 써요.
★ 쓰레기를 줄이고, 음식도 먹을 만큼만 만들어요.
★ 일회용품 사용을 줄이고, 재활용을 해요.
★ 숲의 나무를 베지 말고, 나무를 심고 가꿔요.
★ 자동차 대신 대중교통이나 자전거를 타요.

인간들의 이기심 때문에 우리의 터전인 지구는 서서히 병들어 가고 있어요.

11. 암석

신나는 체험 학습

"얘들아, 오늘은 암석과 토양 탐험을 떠나겠다! 신나지?"

선생님은 흥분된 목소리로 제안했지만 영 반응은 썰렁했어요. 암석과 토양이라니! 지루할 것 같았죠. 아이들의 반응은 아랑곳없이 버스에 올라타자마자 선생님은 퀴즈를 냈어요.

"얘들아, 암석을 크게 세 가지로 나눈단다. 그게 뭘까?"

모범생 예나가 잽싸게 손을 들었어요.

"화성암, 퇴적암, 변성암입니다!"

"그래, 맞아! 갓 태어난 지구는 뜨거운 마그마로 덮여 있었어. 그 마그마가 굳어서 생긴 암석이 바로 화성암이다. 화강암과 현무암이 화성암의 대표선수지. 그중 현무암은 구멍이 숭숭 뚫린 돌인데, 이걸로 만든 우리나라 대표 석상은 뭘까?"

아이들이 너도나도 손을 들었지만 이번엔 종수가 제일 빨랐어요.

"돌하르방이요! 제주도에 있는 할아방구!"

"그래 잘 아는구나."

드디어 버스가 경복궁에 도착했어요.

"이 경복궁의 경회루 기둥이며 근정전 돌계단 등은 거의 화강암으로 만들었다. 화강암은 단단하고 비교적 다른 돌들에 비해 매끄럽기 때문에 이렇게 예부터 건축에 많이 쓰였단다. 함께 돌아보면서 화강암이 어떻게 생겼는지 보자!"

아이들은 이렇게 단단한 화강암이 예전에 시뻘건 마그마였다는 것을 신기하게 생각했어요.

"다음은 현무암을 보러 가겠다. 어디로 가야 할까?"

"돌하르방 보러 제주도로 가요. 제주도! 제주도!"

"음, 제주도면 좋겠지만 너무 먼 고로 현무암 절벽을 볼 수 있는 한탄강으로 가자꾸나."

아이들은 곧 입을 샐쭉거렸어요. 그러나 창문 너머로 한탄강의 모습이 보이자 아이들 입이 떡 벌어졌지요. 계곡을 따라 이어진 조각 같은 절벽들, 바위 틈에 고개를 내밀고 피어 있는 분홍, 빨강 꽃들과 푸릇한 새싹들을 보자 아이들은 눈이 휘둥그레졌어요.

"어때? 저게 바로 현무암 절벽들이다. 끝내주지? 저건 현무암으로 만들어진 절벽으로, 유식한 말론 '주상절리'라 부르지. 마디와 결이 있는 기둥 모양이란 뜻이란다."

아이들은 절벽을 만져 보고 싶었지만, 물살이 빨라서 강에 들어갈

수 없다는 선생님 얘기에 한숨을 쉬었어요.

"다음 코스는 영월 고씨굴이니, 게서 한을 풀자."

다시 버스에 타자, 선생님의 퀴즈가 이어졌어요.

"지금 갈 영월 고씨굴은 어떤 암석으로 이루어져 있을까?"

"저요! 퇴적암이요!"

한수가 손을 번쩍 들고 정답을 말했어요.

"퇴적암은 흙무더기가 쌓여서 만들어진 암석이지. 여기서 공룡 화석이 발견되지 않았다면, 지구에 공룡이 살았었단 사실을 알 수 없었을 거야."

굴 안에 들어가니 서늘한 공기가 아이들을 휘감았어요. 선생님은 굴이 퇴적암의 대표선수인 석회암으로 만들어졌다고 설명을 했어요. 바닷물에 녹아 있던 석회질 성분이 가라앉거나 산호와 조개껍데기, 물고기 같은 작은 동물의 시체가 쌓여서 굳어진 거라고요. 시멘트를 만드는 원료가 된다는 설명도 덧붙였죠. 아이들은 어두운 굴속을 디뎌가며 축축하게 녹아 흐르는 석회암을 만지느라 여념이 없었어요. 선생님은 나머지 암석인 변성암을 설명했어요.

"건축에 많이 쓰이는 대리석은 변성암의 대표선수란다. 화성암과 퇴적암이 지하로 들어가면, 그 안의 뜨거운 열 때문에 이전과는 다른 새 암석이 탄생하는데 그게 바로 변성암이지!"

오늘 경복궁과 한탄강을 다니면서 공부한 세 종류의 암석인 화성암, 퇴적암, 변성암과 우리 생활에서 자주 볼 수 있는 그 대표선수들을 잊을 수 없을 것 같다고 아이들은 생각했어요.

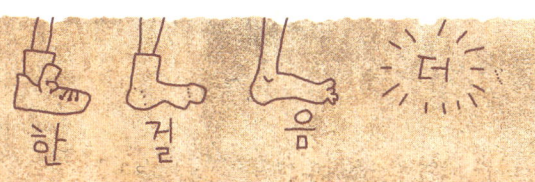

토양의 구성

지구의 땅을 이루는 것은 암석이에요. 암석을 이루는 알갱이는 광물이고, 광물은 여러 원소로 이루어져 있어요. 산소, 규소, 알루미늄, 철, 칼슘, 나트륨, 칼륨, 마그네슘 등의 원소들이 광물을 만드는 대표적인 8대 원소죠. 이런 원소로 이루어진 광물들은 지구상에만 약 4천여 종이에요. 그중 암석을 이루는 몇몇 대표 광물이 있어요. 이들을 조암광물이라고 해요. 장석, 석영, 흑운모, 각섬석, 휘석, 감람석, 방해석 등이 대표적이에요.

이렇게 조암광물로 이루어져 있는 아무리 단단해 보이는 암석이라도 비나 바람, 식물 등에 의해 잘게 부서져서 모래나 흙이 되지요. 이렇게 암석이 점차 작게 부서지는 것을 '풍화'라고 부르고, 그 과정을 '풍화작용'이라고 해요. 암석이 오랫동안 풍화작용을 받아 잘게 부서지면서 흙으로 변한 것이 바로 '토양'이에요. 토양에서 식물이 자라 우리는 맛있는 채소와 과일을 먹을 수 있지요.

각섬석

감람석

석영

장석

휘석

흑운모

돌이라고 다 같은 게 아닌가요?

땅을 과학적인 용어로 지각이라고 말합니다. 지각은 여러 암석으로 이루어져 있지요. 그 암석은 우리가 흔히 돌이라고 부르는데, 어떻게 만들어 졌느냐에 따라 종류가 다양합니다.

마그마나 용암이 굳어서 만들어진 화성암

땅속에 있는 것은 마그마라고 부르고, 땅 밖으로 나오면 용암이라고 불러요. 마그마와 용암은 겉으로 볼 때 큰 차이가 없어요. 하지만 마그마에서 이산화탄소나 수증기 같은 기체가 빠져나간 것을 '용암'이라고 해요. 마그마가 땅속 깊은 곳에서 굳으면 '심성암'이 되고, 땅 밖으로 나와 용암인 상태에서 굳으면 '화산암'이 되는데, 모두 통틀어서 '화성암'이라고 불러요.

화강암으로 만들어진 건축물

심성암의 대표 선수가 바로 '화강암'이에요. 땅속에서 굳었기 때문에 바람 등에 깎이지 않아 단단한 것이 특징이에요. 그래서 건축물의 재료로 많이 쓰여요. 게다가 우리나라에서 가장 많이 나고, 값이 싼 편이라 이용하기 좋지요. 조선의 왕들이 살았던 경복궁의 기둥이나 신라의 불교 건축물인 석가탑, 다보탑도 대부분 화강암으로 만들었어요.

화석이 발견되는 퇴적암

　퇴적암을 잘 살펴보면 지구의 역사를 알 수 있어요. 퇴적암을 이루는 알갱이들의 모양이나 쌓인 구조를 연구하면 지구의 과거 환경을 알 수 있기 때문이지요. 그 속에 묻혀 있는 화석들을 연구하면 옛날에 어떤 생물이 지구에 살았는지, 어떻게 변해 왔는지 알 수 있어요. 공룡 화석이나 삼엽충 화석은 모두 퇴적암에서 나온 거지요. 또 퇴적암 속에는 석탄, 석유, 천연가스, 철광석 등의 지하자원이 묻혀 있어요.

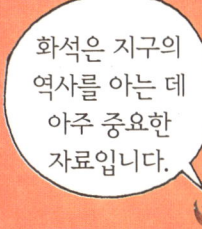

화석은 지구의 역사를 아는 데 아주 중요한 자료입니다.

공룡 화석

삼엽충 화석

12. 대륙의 이동

몰래 움직이는 땅

남아메리카의 대서양 바닷가에 살던 고래가 여행길에 올랐어요. 고래는 끝없이 펼쳐진 푸른 바다를 벌써 며칠째 부지런히 헤엄치고 있습니다. 고래는 지금 대서양을 가로질러 아프리카의 서쪽 바닷가로 가는 중이에요. 그곳에서 친구인 코끼리를 만나기로 했거든요. 얼마나 왔을까요? 아, 드디어 저기 멀리 아프리카 땅이 보이기 시작하는군요. 고래가 바닷가에 다다르자 코끼리가 기다리고 있었어요.

"고래야, 어서 와! 무척 힘들었지?"

고래도 꼬리지느러미로 '첨벙' 물장구를 치며 인사를 했어요.

"반갑다, 반가워! 우리 꼭 일 년 만에 만나는 거지? 야, 너도 많이 의젓해졌는걸."

둘은 기뻐서 어쩔 줄을 몰랐어요. 고래는 물장구를 치고, 코끼리는 코를 번쩍 치켜들고 '뿌우뿌우' 소리를 내며 즐거워했어요. 그러다가 코끼리가 먼저 고래한테 코를 쭈욱 내밀었어요.

"자, 선물이야! 내가 너한테 주려고 마련해 둔 거야."

코끼리의 코 끝에는 예쁜 돌멩이가 들려 있었어요. 하얗고 까만 줄이 있는 돌멩이는 햇빛을 받아 눈부시게 반짝였어요. 그런데 고래

가 깜짝 놀라며 말하는 거예요.

"어! 내가 가져온 선물하고 똑같네?"

신기하게도 고래가 코끼리를 주려고 가져온 돌멩이는 코끼리가 가져온 것과 아주 비슷했어요. 빛깔도 비슷하고 줄이 있는 것도 비슷했어요. 그런데 정말 놀라운 것은 이상한 곤충의 무늬가 고래 것에도, 코끼리 것에도 똑같이 있는 거예요. 크기만 조금 다를 뿐, 아주 똑같은 무늬였어요.

"이게 어떻게 된 일이지? 이건 내가 사는 바닷가 근처의 숲 속에서 주운 건데."

코끼리가 큰 눈을 끔벅거리며 말했어요. 고래도 이상하다고 생각하기는 마찬가지였어요.

"난 이 돌멩이를 남아메리카의 바닷가 절벽에서 떼어 온 건데."

고래와 코끼리는 도무지 알 수가 없었어요. 혹시 누가 남아메카의 바닷가 절벽에서 돌멩이를 주워서 아프리카에 버린 것은 아닐까요?

그렇지만 아프리카와 남아메리카는 큰 바다를 사이에 두고 아주 멀리 떨어져 있어요. 그때 바닷가 숲을 바라보던 고래가 소리쳤어요.

"아니, 저 나무가 여기에도 있네?"

"왜 그래? 어디 이상한 나무라도 있니?"

코끼리는 놀라는 고래를 오히려 이상하다는 듯이 쳐다보았어요.

"코끼리야, 저 나무는 내가 살고 있는 남아메리카의 바닷가 숲에도 있단 말이야. 잎도 똑같고, 열매도 똑같은걸! 그리고 저 나무에서 놀고 있는 원숭이도 내가 남아메리카에서 본 원숭이와 무척 닮았단 말이야."

고래는 머리를 갸웃거리더니 혼자서 중얼거렸어요.

"거 참 이상하네. 물고기도 아닌 원숭이가 큰 바다를 건널 수는 없고, 그렇다고 나무가 헤엄쳐? 그건 더욱 말도 안 돼! 나무 열매가 파도에 떠밀려 왔나? 그럼 이 돌멩이는?

고래가 중얼거리자 코끼리가 물었어요.

"이유가 뭘까?"

고래가 머리를 갸웃거리며 말했어요.

"혹시 먼 옛날에 아프리카와 남아메리카가 붙어 있건 건 아닐까?"

그러자 코끼리가 웃으며 고래에게 말했어요.

"에이, 그럴 리가 있니? 이렇게 큰 땅덩어리가 어떻게 움직이니?"

고래와 코끼리는 그 뒤로도 한참 동안 머리를 맞대고 끙끙거렸어요.

고래와 코끼리가 선물한 돌멩이가 같은 까닭

오랜 옛날, 지구상의 모든 대륙은 하나로 이어져 있었습니다. 그러다가 약 1억 5000만 년 전에 여섯 개의 대륙으로 갈라져 지금의 모습이 되었습니다. 이것이 바로 땅이 움직인다고 하는 대륙이동설입니다. 이 주장은 아프리카의 서해안과 남아메리카 동해안의 모양이 잘 들어맞는다는 데에서 비롯했습니다. 그렇다면 비슷한 돌멩이가 두 곳 모두에서 발견되었다고 해도 이상할 것이 없겠지요? 지금은 여섯 개의 대륙으로 갈라졌지만 아주 오래전에는 모든 대륙이 하나였던 거지요.

〈2억 년 전〉

> 멀리 떨어진 대륙에서 동일한 고생물의 화석이 많이 발견된 것을 증거로 알프레드 베게너라는 지질학자가 처음으로 대륙이동설을 주장했어요.

〈1억 3500만 년 전〉

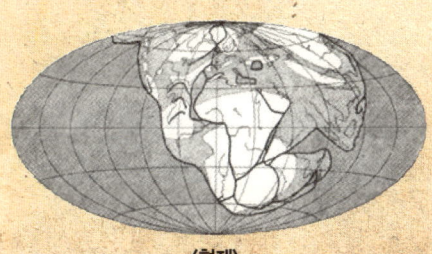

〈현재〉

몰래 움직이는 땅 · 77

땅덩어리들이 바다를 헤엄쳐 간다고요?

땅덩어리가 움직인다니 참 신기한 일이지요? 그 까닭은 땅덩어리를 받치고 있는 받침대인 판이 움직이기 때문입니다. 거대한 바위인 판은 또 맨틀이라는 받침대에 얹혀 있습니다. 판이 움직이는 건 바로 뜨거운 액체 상태로 있는 맨틀 때문입니다. 맨틀은 위아래의 온도가 다르기 때문에 쉴 새 없이 움직이고 있습니다. 그래서 그 위의 판이나 땅덩어리도 같이 움직이는 것입니다.

대륙이 움직이면서 산맥도 만든대요

큰 땅덩어리, 즉 대륙은 움직이다가 다른 대륙과 부딪치기도 합니다. 대륙은 우리가 느낄 수 없을 만큼 매우 천천히 움직이지만, 부딪칠 때의 힘은 엄청나게 크답니다. 대륙은 어마어마하게 큰 땅덩어리이기 때문이죠. 이때 대륙끼리 부딪친 곳에서는 땅이 솟구쳐 올라 거대한 산맥을 만듭니다. 인도 대륙이 유라시아 대륙과 부딪쳤을 때에 생긴 것이 바로 히말라야 산맥입니다.

아틀란티스는 정말 존재했을까요?

유럽에는 오랜 옛날 대서양 한가운데에 커다란 섬나라가 있었다는 이야기가 전해지고 있습니다. 바로 아틀란티스 제국에 관한 전설입니다. 그런데 이 나라는 엄청난 화산 폭발과 지진으로 대서양 밑으로 가라앉았다고 합니다. 그래서 많은 사람이 아틀란티스 제국의 비밀을 밝히려고 대서양 바닷속을 뒤졌

습니다. 그러지만 바다 밑에는 아무 것도 없었습니다.

그렇다면 아틀란티스 제국은 지구 상에 없던 나라일까요? 과학자들은 아틀란티스 제국이 대서양 한가운데 있지 않았고 그리스 남쪽 바다인 에게 해에 있었다고 합니다. 에게 해 남부의 바닷속에서 가라앉은 고대 성곽이 발견되었기 때문입니다. 이것이 바로 엄청난 화산 폭발과 함께 사라져 버리고, 지금은 그 흔적만 남아 있는 아틀란티스 제국의 흔적이 아닐까요?

아틀란티스의 최후

쥘 베른의 《해저 2만 리》에 나오는 아틀란티스의 최후의 모습이에요.

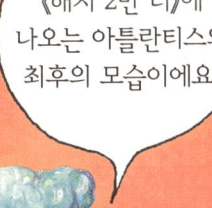

정말로 아틀란티스 제국이 존재했을까요? 에게 해에 가라앉아 있는 거대한 성곽은 우리들의 상상력을 자극하고 있답니다.

미스터리의 아틀란티스 제국

몰래 움직이는 땅 · 79

13. 화산 폭발

동굴 연못의 비밀

깊은 산골 어느 마을에 반달곰들이 힘이 약한 동물들을 보호하며 함께 살고 있었어요. 그곳에는 먹을 것이 많아서 동물들은 서로 사이좋게 지냈지요. 하지만 산 너머에 사는 호랑이들이 자주 반달곰 마을로 쳐들어와 약한 동물들을 잡아먹곤 했어요. 그럴 때마다 반달곰들은 용감하게 맞서 싸워 호랑이들을 물리쳤지요. 그렇지만 싸움이 벌어지면 호랑이와 반달곰들이 크게 다치고는 했어요.

오늘도 호랑이들이 반달곰 마을에 쳐들어왔다가 또 쫓겨 가네요.

"이상하단 말야? 지난번 싸움에서 우리가 지기는 했지만, 반달곰들도 많이 다쳤잖아. 그런데 오늘 보니까, 그때 다쳤던 놈들도 멀쩡하게 잘 싸우던걸."

대장 호랑이가 머리를 갸웃거리며 말했어요. 반달곰과 싸우다 다친 호랑이 중에는 상처가 곪아 목숨을 잃은 호랑이도 있었기 때문에 그런 의문이 드는 것은 당연했어요. 반달곰들은 다리가 부러져도 다음에 싸울 때에는 언제 다쳤나 싶게 멀쩡했거든요.

대장 호랑이는 궁리 끝에 반달곰 마을에 정탐꾼을 보냈어요. 얼마 뒤, 정탐꾼 호랑이는 그 비밀을 알아냈어요. 다친 반달곰들은 모두 어느 동굴 속으로 들어가는 것이었어요. 그리고 그곳에서 나올 때는 어느새 상처가 깨끗이 나아 있었어요. 정탐꾼 호랑이는 몰래 동굴 속으로 들어가 보았어요. 동굴 속에는 연기가 모락모락 솟는 연못이 있었어요. 정탐꾼 호랑이는 연못 속에 발을 집어넣어 보고는 깜짝 놀랐어요. 발만 담갔는데도 온몸이 개운해지는 거예요.

'아하, 바로 이거구나!'

정탐꾼 호랑이는 당장 호랑이 마을로 달려가 그 사실을 알렸어요. 동굴 연못의 비밀을 알게 된 대장 호랑이는 크게 웃더니 말했어요.

"흥, 엉큼한 반달곰 놈들! 이번에는 정말 본때를 보여 주마!"

대장 호랑이는 부하를 이끌고 가서 동굴 연못을 먼저 차지해 버렸어요. 그러고는 곧바로 마을로 쳐들어갔어요. 호랑이들이 갑자기 쳐들어오자, 반달곰들은 싸워 보지도 못하고 달아났어요. 상처를 입은 반달곰들은, 지금까지 그래 왔듯이 동굴 연못으로 달려갔지만, 그곳

에는 이미 호랑이들이 지키고 있었죠. 반달곰 마을을 차지한 호랑이들은 약한 동물들을 마구 잡아먹었어요. 그리고 배가 부르면 동굴 속 연못으로 가서 목욕을 했지요.

그러던 어느 날, 높은 산꼭대기에서 희뿌연 연기가 솟아오르고 있었어요. 그러자 이상하게도 그 마을 동물들이 몹시 서두르며 어딘가로 떠나기 시작하는 거였어요. 하지만 그런 것도 모른 채 호랑이들은 오늘도 배불리 먹고 나서는 목욕을 하러 동굴로 갔지요.

"어! 오늘은 왜 이렇게 연기가 많이 나오지?"

동굴로 가까이 다가간 대장 호랑이가 말했어요. 정말 동굴 속에서는 뿌연 연기가 마구 쏟아져 나오고 있었어요. 그때였어요. 갑자기 어디선가 '우르르' 하는 소리가 들렸어요. 호랑이들은 깜짝 놀라서 그 자리에 멈춰 섰어요. 그러나 그것도 잠시, 갑자기 땅이 흔들리더니 여기저기서 바위들이 굴러 떨어졌어요. 호랑이들은 겁에 질려 꼼짝도 할 수 없었어요. 마침내 어디선가 귀를 찢는 듯한, '꽝' 하는 소리가 났어요. 대장 호랑이가 소리 쳤어요.

"화산이 폭발했다! 피해라!"

그제야 호랑이들은 사방으로 흩어져 달아나기 시작했어요. 그러나 이미 바위와 흙더미들이 달아나는 호랑이들을 덮치고 있었어요. 시뻘건 용암이 마구 쏟아져 내리면서 뒤에 처진 호랑이들을 휩쓸어 버렸어요. 하늘은 온통 시커먼 연기와 재로 뒤덮여 어둑어둑하고, 땅은 쉴 새 없이 흔들렸어요.

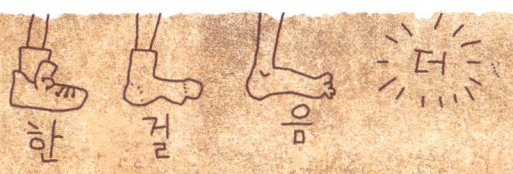

화산 폭발

땅속 깊은 곳에는 마그마라고 하는 매우 뜨거운 물질이 있습니다. 마그마는 깊은 땅속에서 천천히 흐르고 있습니다. 그런데 땅속을 흐르던 마그마가 얇고 약한 땅을 만나면 밖으로 솟구칩니다. 이것이 바로 화산 폭발입니다.

그런데 화산이 폭발하기 바로 전에는 지진도 일어납니다. 그 이유는 마그마가 땅속에서 올라오면, 화산 주변의 땅이 같이 움직이기 때문입니다.

화산의 단면도

화산의 폭발

화산이 폭발하기 전 땅속에 있는 반액체 물질이 마그마이고 그것이 분출되어 땅 위로 드러나 흐르는 것을 용암이라고 해요.

화산, 정말 무섭기만 한 걸까요?

화산 활동은 사람들한테 여러 가지 이로움을 주기도 합니다. 대표적인 것이 온천입니다. 온천은 땅속을 흐르는 물이 용암 위를 흐를 때, 뜨겁게 데워진 것입니다. 온천물에는 여러 가지 광물질이 녹아 있어, 사람 몸에 좋습니다.

또 화산이 폭발할 때 뿜어져 나온 화산재는 땅을 기름지게 해서 농사에 도움을 줍니다. 요즘에는 화산 활동이 잦은 나라에서는 뜨거운 온천수와 화산가스를 이용하여 전기를 만들기도 합니다.

'화산' 하면 무시무시한 붉은 용암부터 떠올리죠. 하지만 그렇게 무서운 화산도 인간들은 지혜롭게 잘 활용하고 있답니다.

일본의 온천

화산재

한강 가운데 있는 섬

　섬은 바다뿐만이 아니라 강에도 있습니다. 이 섬들은 강의 위쪽에서 떠내려 온 모래나 자갈, 고운 흙이 강바닥에 쌓이면서 생깁니다. 섬이 만들어지는 곳의 물살은 매우 느리기 때문에 고운 모래나 흙이 더 떠내려가지 못하고 강바닥에 가라앉아 섬이 생기는 것입니다.

　우리가 흔히 볼 수 있는 한강에도 섬이 있습니다. 한강은 서울을 지날 때 물살이 무척 느려집니다. 따라서 생긴 섬이 한강의 여의도나 밤섬입니다.

　낙동강에 있는 을숙도 같은 섬들은 위에서 떠내려 온 흙이나 모래가 파도 때문에 바다로 퍼지지 못하고 강의 입구에 쌓여서 만들어졌습니다. 이런 섬들은 강 쪽이 뾰족하고 바다 쪽은 넓게 퍼진 삼각형 모양을 하고 있어서 삼각주라고 합니다.

한강에 있는 밤섬

14. 빙하

펭귄이 북극곰한테 전화를 했어요

펭귄이 북극곰한테 전화를 했어요.
"여보세요! 북극곰 아저씨 좀 바꿔 주시겠어요?"
"아, 내가 북극곰인데, 무슨 일로 나를 찾는 거지?"
북극곰은 전화기에서 들려오는 귀여운 목소리에 호기심이 생겼어요.

"안녕하세요? 저는 남극에 사는 펭귄이라고 해요. 그림책에서 아저씨 그림을 보고 전화했어요."
펭귄은 북극곰의 목소리

를 처음 들었지만, 무척 반가웠어요. 그림책 속에서 본, 멋있고 씩씩하게 생긴 북극곰과 직접 전화를 하게 됐으니까요. 북극곰도 반가운 목소리로 인사를 했어요.

"어 그래, 안녕! 나도 너희 펭귄들 사진을 본 적이 있지. 참 의젓하게 생겼더구나."

펭귄과 북극곰은 만난 지 오래된 사이처럼 재미있게 이야기를 주고받았어요.

"그런데 네가 사는 곳은 어떤 곳이지?"

북극곰이 물었어요.

"제가 사는 곳은요, 1년 내내 흰 눈과 얼음으로 뒤덮여 있는 남극이에요. 빙하가 온통 땅 위를 덮고 있지요. 얼마나 추운 곳인지는 아저씨도 짐작하시겠지요?"

"그래? 내가 사는 곳하고 비슷한 걸. 내가 사는 곳도 1년 내내 흰 눈과 얼음으로 뒤덮여 있거든."

"아저씨가 계신 곳의 빙하도 아직까지 한 번도 녹지 않았어요?"

"잘 모르지만, 내가 지금까지 사는 동안 한 번도 녹은 적이 없었어. 그렇지만 조금만 남쪽으로 내려가면 여름에 빙하가 녹기는 한단다."

"그런데 아저씨는 왜 북극에 사세요. 1년 내내 녹지 않는 얼음덩어리가 싫지 않으신가요?"

그러자 북극곰은 허허 웃고 나서 대답했어요.

"북극곰들은 아주 오랜 옛날부터 이곳에서 살아왔어. 그래서인지 더운 곳보다는 추운 곳이 더 좋아."

펭귄도 헤헤 웃고 나서는 말했어요.

"저도 남극의 빙하 위에서 태어났거든요. 그래서인지 추운 곳이 더 좋아요."

펭귄이 계속 말했어요.

"아저씨랑 제가 만날 수 있는 방법이 어디 없을까요?"

"글쎄, 네가 여기까지 올 수 있을까? 너는 남극에 살고 나는 북극에 사니까 서로 반대쪽에 살잖아. 아무래도 거리도 너무 멀고 큰 바다를 건너야 하니까 힘들 거야."

그러자 펭귄은 잠시 생각에 잠겼다가 말했어요.

"아! 아저씨 좋은 방법이 생각났어요. 바다를 모두 얼리는 거예요. 그리고 아저씨는 저를 만나러 내려오고, 저는 아저씨를 만나러 북극으로 올라가다 보면 만날 수 있을 거예요."

"그래, 그거 좋은 생각인데!"

둘은 이렇게 말해 놓고는 금방 만날 수 있을 것처럼 좋아했어요.

"아저씨, 그런데 바다를 어떻게 얼리지요?"

펭귄이 생각났다는 듯이 물었어요.

"내가 남쪽을 향해 찬 바람을 일으킬게! 너는 북쪽을 향해 찬 바람을 일으켜 봐. 그러면 바다가 온통 얼음으로 뒤덮이지 않겠니?"

펭귄과 북극곰은 그날부터 남극과 북극의 찬 바람을 바다로 보내기 시작했어요. 펭귄과 북극곰의 멋진 계획은 성공할 수 있을까요?

빙하로 덮여 있는 남극과 북극

　남극이나 북극에 뒤덮여 있는 얼음덩어리를 본 적이 있지요? 그게 바로 빙하입니다. 이 두 지역은 1년 내내 춥기 때문에 얼음이 녹지 않습니다. 이 지역이 추운 까닭은 지구의 남쪽과 북쪽 끝에 있어서 햇빛을 조금밖에 받지 못하기 때문입니다. 한 가지 차이점은 남극의 빙하는 땅 위에 덮여 있는 것이고, 북극은 땅이 없기 때문에 빙하가 그냥 바다 위에 떠 있습니다.

　빙하가 모두 녹는다면 지구는 어떻게 될까요? 빙하는 놀랍게도 지구상의 민물(짜지 않은 물) 가운데 4분의 3을 차지하고 있습니다. 그러니 빙하가 모두 녹으면 나지막한 땅은 모두 물에 잠기고 말겠지요? 뉴욕이나 도쿄, 런던처럼 세계의 유명한 대도시는 물론, 비교적 낮은 곳이 많은 우리나라 서쪽지방도 바닷물에 잠기고 맙니다.

바다 위에 떠 있는 빙하

지구 온난화는 지구 곳곳에 영향을 주어 우리를 위협하고 있습니다.

빙하는 무엇인가요?

《타이타닉》라는 유명한 영화가 있죠. 타이타닉이라는 배가 바다 위에 떠 있던 거대한 빙하에 부딪쳐 부서지면서 배 안에 있던 많은 사람들이 인생의 마지막을 맞는 모습을 보여주는 영화입니다.

이렇게 영화에서처럼 '빙하'라고 하면 바다 위에 떠 있는 큰 얼음덩어리라는 이미지가 강합니다. 정말 빙하는 바다에만 있는 걸까요? 빙하에 대해 알아봅시다.

높은 산꼭대기에도 빙하가 있대요

빙하는 남극과 북극에만 있는 것이 아니고, 지구 곳곳에 널려 있습니다. 그 대신 매우 높은 산에만 있습니다. 히말라야 산맥, 알프스 산맥, 로키 산맥, 안데스 산맥에 있는 높은 산들은 1년 내내 빙하로 덮여 있습니다. 이렇게 높은 산은 남극과 북극 못지않게 춥기 때문이에요.

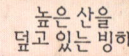
높은 산을 덮고 있는 빙하

빙하가 흘러서 만든 골짜기

생명을 지키는 북극의 빙하

　북극의 빙하는 바다 위에 떠 있는 얼음덩어리입니다. 따라서 북극의 빙하 밑은 그냥 바다입니다.

　그러면 북극의 빙하 밑 바다는 왜 얼지 않는 것일까요? 그 까닭은 빙하가 바다를 감싸고 있기 때문입니다. 얼음이 바닷물을 감싸 물 속의 열을 지켜 주고 있는 것입니다. 이해가 잘 안 간다고요? 그럼, 알래스카나 그린란드에 사는 원주민들의 얼음집인 이글루를 생각해 보세요. 그 사람들이 얼음집을 짓고 사는 까닭은 바로 얼음벽이 바깥의 차가운 공기는 막아 주고, 얼음집 속의 따뜻한 공기를 지켜 주기 때문이랍니다. 이처럼 북극의 빙하는 바닷속을 얼지 않게 해서 바닷속 생물들이 얼어 죽지 않게 하는 역할도 합니다.

빙하로 덮여 있는 북극

15. 동굴

박쥐의 집을 본 적 있니?

어느 날, 숲 속의 새들이 모여서 자기네 집 자랑을 하고 있었어요. 새들은 서로 자기 집이 더 튼튼하고 살기 좋다며 목청을 높였지요. 그중에서도 머리에 빨간 깃이 멋지게 선 딱따구리가 가장 자신 있게 말했어요.

"에헴, 너희들도 잘 알겠지만, 난 집짓기 도사란 말씀이야. 내 뾰족한 부리는 아무리 단단한 나무라도 쉽게 구멍을 팔 수 있거든. 난 이 부리로 나무에 구멍을 파고 그 속에 집을 짓는단다."

그러자 이번에는 오목눈이가 오목한 눈을 굴리며 말하는 거예요.

"아무리 그래도 집을 가장 멋지게 짓는 새는 나밖에 없을걸. 난 가늘고 부드러운 풀잎으로 돌돌 말아, 아주 푹신푹신한 집을 짓거든. 누구든지 내 집에 들어오면 금방 잠이 들지."

새들은 서로 자기의 집이 좋다고 자랑을 하느라고 시간이 가는 줄도 몰랐어요. 더구나 집을 가장 못 짓기로 소문난 까치하고 비둘기도 자기 집이 최고라며 입에 침이 마르도록 자랑을 하는 거였어요.

그런데 한쪽 구석에 있는 나뭇가지에 이상하게 생긴 새가 거꾸로 매달린 채 이 광경을 보고 있었어요. 그 이상한 새는 박쥐였어요. 박

쥐를 본 까마귀가 한마디 했어요.
"쟤는 새도 아니면서 우리가 무슨 일을 하면 꼭 나타난단 말이야."
"그러게 말이야. 어휴, 생긴 거는 또 어떻고? 꼭 마귀할멈처럼 생겨 가지고는……."
장끼가 멋진 꼬리 깃털을 번쩍 치켜세우며 까마귀를 거들었어요. 그 말을 들은 박쥐는 슬퍼졌어요. 조금 전에는 네발 달린 짐승들의 모임에 갔다가 쫓겨나서 새들에게로 온 거였거든요.
"쟤는 집도 없을 거야. 저렇게 흉측하게 생겨서 집이라고 제대로 있기나 하겠니?"
새들의 말을 듣고 있던 박쥐는 도저히 참을 수가 없었어요.
그래서 큰소리로 말했지요.
"나도 집이 있어. 너희가 지은 집은 상대도 안

될 만큼 어마어마하게 큰 집이라고! 또 우리 집이 얼마나 아름다운지 알기나 해?"

그 말을 들은 새들은 깔깔 웃으며 놀려 댔어요.

"뭐라고? 네까짓 게 집은 무슨 집이니? 떠돌아다니는 주제에."

"그렇게 믿지 못하겠으면, 날 따라와 봐. 우리 집 구경시켜 줄 테니까."

새들은 박쥐의 말을 믿지 않았지만, 한 번 박쥐를 따라가 보기로 했답니다.

"너, 거짓말이면 내가 혼내 줄 거다!"

매가 으름장을 놓았어요. 박쥐는 겁에 질린 채 앞장 서 날아갔어요. 그 뒤를 새들이 따라 날았지요. 박쥐와 새들은 드디어 어느 낭떠러지 밑까지 날아갔어요. 낭떠러지 밑에는 커다란 동굴이 하나 있었어요. 박쥐가 동굴 속으로 들어가며 말했어요.

"자, 이리 들어와. 여기가 우리 집이야."

박쥐를 따라 동굴 안으로 들어온 새들은 모두 크게 놀랐어요. 정말 동굴 속에는 박쥐 수천 마리가 벽과 천장에 빽빽하게 매달려 있는 것이 아니겠어요. 더욱 놀라운 것은 박쥐네 집이 너무 아름답다는 거였어요. 신기하게 생긴 기둥과 벽, 고드름이 동굴 속을 아름답게 장식하고 있던 거였지요.

새들은 할 말이 없었어요. 박쥐네 집이야말로 이 세상에서 가장 아름답고 살기 좋은 집이었기 때문이죠.

종유석과 석순

천장에 매달린 종유석과 바닥에서 불쑥 솟아오른 석순, 벽에 온갖 무늬가 새겨져 있는 석회암 동굴은 마치 금강산을 땅속에 옮겨 놓은 것처럼 아름답습니다. 이렇게 아름다운 석회암 동굴은 아주 적은 양의 석회암 가루가 오랫동안 쌓이고 쌓여서 만들어졌습니다. 지하수에 녹은 석회암 가루는 대부분 동굴 밖으로 흘러가 버리지만, 아주 적은 양은 천장에 매달리거나 바닥에 쌓여 종유석과 석순이 된 것이지요. 참으로 끈기 있고 정성스러운 대자연의 마술이라고 할 수 있겠지요?

석회암 동굴 속의 종유석과 석순

땅 속에도 이런 마술을 부리다니 자연은 참 신비로운 힘을 가졌군요.

동굴은 어떻게 만들어졌을까요?

동굴에는 여러 종류가 있답니다. 석회암이 빗물에 녹아 생긴 석회암 동굴, 용암이 빠져나간 자리인 용암 동굴, 오랜 시간 동안 바람에 깎여 만들어진 풍혈 등이 있죠. 그 중에 석회암 동굴과 용암 동굴에 대해 알아봅시다.

석회암 동굴은 어떻게 만들어졌을까요?

강원도와 충청도, 경상북도 지역에는 수천만 년의 신비를 가진 석회암 동굴이 많이 있습니다. 이 석회암 동굴은 땅속의 바위를 타고 흐르는 지하수에 석회암에 섞여 있는 탄산칼슘이 녹아서 만들어졌습니다. 탄산칼슘은 지하수에 잘 녹습니다. 그러니까 아주 오래전에는 동굴이 없었거나, 아주 작은 틈 정도만 있던 셈이지요.

화산이 폭발해서 생긴 용암 동굴

용암 동굴은 화산이 폭발하면서 뿜어져 나온 용암이 낮은 곳으로 흘러가면서 만들어졌습니다. 용암은 차가운 공기와 만나면 겉에서부터 빠르게 식어 딱딱한 바위가 됩니다. 그러나 굳어 버린 용암 속에는 아직 식지 않은 용암이 계속 흐릅니다. 그러다가 몹시 비탈진 곳에서는 매우 빠르게 흘러내립니다. 이때에 이미 굳어 버린 용암과 식지 않은 용암 사이에는 빈 공간이 생기는데, 이것이 바로 용암 동굴입니다.

한라산 주변에는 많은 용암 동굴이 있습니다. 그중에서도 만장굴은 세계에서 가장 긴 용암 동굴입니다.

용암 동굴

제주도의 용암 동굴은
세계문화유산으로 지정될 만큼
신비롭고 아름답습니다.

16. 화석

모기 화석의 비밀

앵앵앵. 안 돼! 안 돼! 모기약 뿌리지 마! 하기야, 난 이미 죽은 몸이나 마찬가지지만 말이야. 내가 이래봬도 보통 모기가 아니라고! 나는 아주아주 먼 옛날에 살던 모기였어. 그리고 지금은 귀한 화석이 되었지.

화석이 왜 귀하냐고? 너희들, 《쥬라기 공원》이라는 영화를 본 적이 있니? 거기 나오는 공룡들은 진짜 같지? 그 영화에서도 나왔듯이 나 같은 모기 화석이 공룡을 만들어 낼 수 있다는 말씀이야! 과학자들이 내가 빨아 먹은 공룡 피를 가지고 진짜 공룡을 만들어 내는 연구를 하는 중이야. 그러니 이 모기 화석이 얼마나 귀하신 몸인지 알 수 있겠지?

그럼, 평범한 모기였던 내가 귀한 화석이 될 수 있던 나의 일생에 대해 얘기해 줄게. 나는 엄청나게 오랜 옛날 지구에 살던 모기야. 인간들이 이 세상에 나타나기 훨씬 전, 공룡이 살던 시대에 나도 같이 살았다고. 어느 날 난 점심식사로 귀여운 새끼 공룡의 피를 빨아 먹었지. 배가 잔뜩 부른 나는 소나무 그늘에서 쉬고 있었어. 깜빡 잠이 들었는데, 이게 웬일이야? 잠에서 깨 보니까 꼼짝도 할 수가 없었어. 소나무에서 나온 끈적끈적한 송진이 나를 덮어 버린 거야.

나는 송진 안에 그대로 갇혀 버렸지. 공룡 피가 아직 소화도 되지 않았는데 말이야. 송진이 딱딱하게 굳어서 내 몸도 꽁꽁 굳어 버렸어. 마치 냉동실에서 생선이 얼어 버리는 것처럼.

내 옆엔 커다란 공룡 한 마리도 누워 있었어. 처음에는 살아 있는 줄 알고 놀랐지 뭐야. 그런데 죽은 시체였어. 공룡 시체는 차츰 썩어서 살은 없어지고 뼈만 남게 되었어. 그리고 나는 송진 안에 갇혀 있는 채로 몇 년 아니 몇천 년, 몇천만 년을 보냈지.

나와 공룡의 뼈 위로 흙, 자갈, 모래 들이 쌓여 갔어. 세월이 흐를수록 흙이 많이 쌓이니까 그대로 버티기에는 너무 무거워졌어. 위에

서 누르는 힘이 아주 커졌으니까 말이야. 그래서 내가 들어 있는 송진도 공룡 뼈도 아주 납작해져 버렸지. 그 뒤로 시간이 아주 많이 흘렀어.

그동안에 땅속에서는 많은 일이 일어났단다. 지진이 일어나서 땅이 갈라지고 높던 산도 비바람에 깎여 평평해졌지. 땅속이 움직이는 바람에 난 공룡 뼈하고 헤어지고 말았어. 그리고 몇십 년 전, 땅속에 굴을 파던 사람들이 나를 발견해 낸 거야. 나를 감싸고 있는 송진은 호박이라는 보석이 되었지. 어른들 한복 단추 같은 걸로 쓰이는 노란색 보석 말이야.

어때? 물론 그냥 모기라면 해충에 불과하지만 나 같은 화석 모기는 공룡도 만들어 낼 수가 있다고. 앵앵앵.

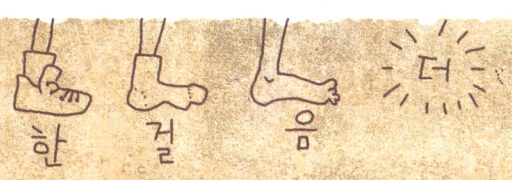

화석으로 알아내는 지구의 비밀

절벽이나 낭떠러지 같은 곳에서는 바위가 겹겹이 쌓여 있는 것을 볼 수 있습니다. 마치 층계처럼 쌓여 있다고 해서 지층이라고 합니다. 그러한 지층 속에는 지구의 역사가 숨어 있습니다. 비록 얇아 보이는 지층 한 겹일지라도 매우 오랜 시간에 걸쳐 만들어집니다. 그리고 지층이 만들어지는 동안, 그 무렵에 살던 동물이나 식물의 시체가 흙과 함께 굳어져서 지층의 일부가 되어 버립니다. 이것이 바로 화석입니다. 옛 지구의 모습을 밝혀내는 데 지층과 화석은 매우 중요한 역할을 합니다.

화석에는 여러 종류가 있습니다. 발자국 화석, 동물의 뼈 화석, 식물이나 동물의 내용은 없고 빈 틀만 남은 화석, 벌레가 광물 속에 갇혀 있는 화석 등이 있습니다.

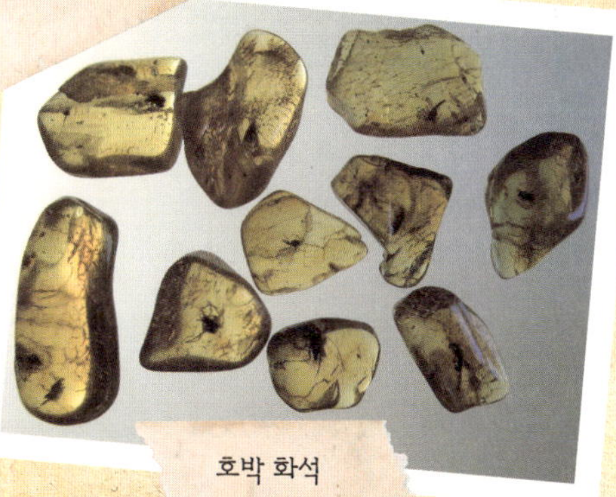

호박 화석

잠자리 화석

뼈 화석

화석의 종류에는 무엇이 있을까요?

화석의 종류에는 여러 가지가 있지만 대표적으로 시상화석과 표준화석이 있습니다.

시상화석은 그 화석을 통해 지층이 만들어진 환경을 알려주는 것입니다. 예를 들어 산호화석을 발견하면 그 지역이 예전에는 바다였으며 산호가 살 수 있을 정도의 얕고 잔잔한 바다였다는 것을 알 수 있습니다.

표준화석은 시간을 알려주는 화석입니다. 예를 들어 어떤 지층에서 삼엽충 화석이 발견이 되면 그 지층은 고생대 지층이라는 것을 알 수 있고 공룡 화석을 발견했다면 중생대의 지층이라는 것입니다.

시상화석의 대표 산호 화석

화석을 가만히 들여다보고 있으면 과거에 와 있는 듯한 느낌이 들어요.

중생대 말기 지층에서 발견된 암모나이트 화석

중생대 지층에서 발견된 공룡 화석

연어를 가두어 버린 태백산맥

　태백산맥은 동해의 바다 밑이 솟아올라 만들어졌습니다. 그 바람에 많은 물줄기들이 동쪽, 즉 바다 쪽으로 흐르다가 서쪽으로 흐르게 됐다고 합니다. 이렇게 서쪽으로 흐르게 된 강 가운데 하나가 강원도에 있는 내린천입니다.

　이런 사실을 밝혀 주는 증거가 있습니다. 바로 내린천에 살고 있는 열목어라는 물고기를 통해서입니다. 열목어는 연어과의 물고기로 원래는 강에서 태어나 먼 바다로 나가 자란 다음, 다시 자기가 태어난 강으로 되돌아오는 습성을 가지고 있었습니다.

　그런데 내린천 물줄기가 갑자기 서쪽으로 방향이 바뀐 것입니다. 그 바람에 내린천에서 알을 깬 연어들은 바다로 나갈 길을 잃고 말았습니다. 결국 바다로 나가지 못한 연어들은 내린천에 머물러 살게 되면서 열목어가 되었다고 합니다. 즉, 바다로 나가는 길을 잃어버린 연어가 열목어가 된 것입니다.

모기 화석의 비밀 · 103

17. 바람

바람에 몸을 맡기렴!

아기 갈매기 끼룩이가 바닷가에서 날갯짓을 배우고 있어요. 그렇지만 아무리 열심히 날개를 퍼덕여도 엄마, 아빠처럼 날 수가 없었어요. 벌써 몇 번씩이나 바위에서 떨어진걸요. 그럴 때마다 아빠는 "어서 일어나. 다시 한 번 해 봐!" 하고 크게 소리쳤어요.

끼룩이는 이번에도 낑낑거리며 바위 위로 기어올라 왔어요.

"날개를 힘차게 저어 보렴. 그렇게 겁이 많아서야 어디……."

다른 때 같으면 무척 다정한 엄마, 아빠랍니다. 그런데 날갯짓을 배우면서부터 엄마, 아빠는 싹 달라졌어요. 끼룩이가 바위에서 주춤거리고 있으면 호되게 야단을 쳤어요. 또 바위에서 떨어져 모래밭에 나뒹굴어도 모르는 척했지요. 끼룩이는 바위 위로 기어오르면서 괜히 눈물이 났어요. 그러면서도 마음속으로는 오기가 생겼어요.

'두고 봐! 나 혼자서 꼭 하늘을 날 테니까.'

다음 날 끼룩이는 해가 뜨기 전에 혼자 바닷가에 있는 바위 위로 나갔어요. 그리고는 숨을 한껏 들이 쉬고 나서 다시 날개를 퍼덕였어요. 그러자 어느 순간 끼룩이의 몸이 하늘로 두둥실 떠오르는 거예요.

"아! 해냈다!"

끼룩이는 힘차게 날개를 저었어요. 그럴 때마다 몸이 높이높이 솟았어요. 둥지가 있는 바위 위에서 엄마, 아빠가 이 광경을 보고 있었어요.

"여보, 됐어요! 우리 끼룩이가 하늘을 날 수 있게 됐어요."
"아! 이젠 바람을 타고 멀리 나는 법을 가르쳐야겠는걸."

끼룩이는 어느새 멀리까지 나가 있었어요. 그런데 이상한 일이에요. 오랫동안 날갯짓을 해서 그런지 날개의 힘이 빠지고 몸이 밑으로 떨어지는 거예요. 끼룩이가 지쳐 버린 거예요.

"여보, 우리 끼룩이가 이상하지 않아요?"

놀라서 묻는 엄마에게 대답할 새도 없이 아빠는 급히 끼룩이한테 날아갔어요. 끼룩이는 금방이라도 바다에 빠질 것만 같았어요.

바람에 몸을 맡기렴! · 105

"끼룩아! 날개를 젓지 말고, 바람에 몸을 맡기렴. 아빠를 봐!"

아빠는 정말 날개를 젓지 않고도 미끄러지듯이 바다 위를 날아가는 거예요. 당황한 끼룩이는 두리번거리며 바람을 찾았어요. 그때 아빠의 다급한 목소리가 또 들려 왔어요.

"바람은 눈으로 보는 게 아니라, 몸으로 느끼는 거야."

그렇지만 끼룩이는 너무 지쳐 있었어요. 그리고 아빠가 말한, 바람에 몸을 맡기라는 말을 잘 이해할 수 없었어요. 그렇게 날개만 계속 퍼덕였고 몸은 점점 밑으로 떨어질 뿐이었죠.

"끼룩아, 힘을 내! 아빠가 있잖아!"

아빠가 옆에서 소리치며 끼룩이를 불렀지만 그 소리도 점점 멀어져 갈 뿐이에요. 끼룩이는 눈을 감았어요. 그냥 이렇게 바닷물에 빠져 죽고 마는 건가 봐요. 그때였어요. 밑에서 무언가 따뜻한 기운이 올라와 끼룩이의 몸을 떠받치는 거예요.

"아, 이런 게 바람에 몸을 맡긴다는 건가?"

끼룩이는 따뜻한 바람에 몸을 맡겼어요.

"그렇지, 그렇지, 됐어! 높이 올라가면 바람이 바닷가로 불 거야."

끼룩이는 바람을 타고 높이높이 올라갔어요. 높은 곳으로 오르자 아빠 말대로 그쪽의 바람은 육지 쪽으로 불고 있었어요. 정말 신기한 일이에요. 바람을 타고 나니까 그렇게 편할 수가 없어요. 힘들여 날갯짓을 할 필요가 없었죠. 저 앞에 바위들이 보이기 시작했어요. 엄마가 바위 위에서 손을 흔들고 있는 모습이 눈에 들어왔어요. 끼룩이는 엄마에게 빨리 가기 위해 있는 힘을 다해 날개를 저었어요.

한 걸음 더

끼룩이를 살려 준 바람은 어떻게 생긴 걸까요?

끼룩이를 살려 준 바람은 아래서 위로 솟구치는 바람이었습니다. 이 바람은 따뜻하고 가벼운 성질을 가지고 있습니다. 지표면이 햇볕에 데워지면, 지표면 가까이 있던 공기도 같이 따뜻해집니다. 그리고 가볍기 때문에 공중으로 높이 떠오릅니다. 이 바람을 상승기류라고 합니다.

이와 같이 바람에도 지역이나 환경에 따라 여러 가지 성격을 가지고 있습니다. 이런 바람을 잘 이용해 우리 생활을 편하게 할 수 있어요.

바람은 때때로 무서운 힘을 보이지만, 잘 이용하면 깨끗한 에너지를 얻을 수 있습니다. 전기 에너지가 바로 그것입니다. 실제로 바람을 이용해서 전기를 얻는 나라들도 많아졌고, 많은 나라가 바람을 이용해서 에너지를 얻으려고 합니다. 그 까닭은 바람을 이용하면, 환경을 오염시키지 않고도 에너지를 만들 수 있기 때문입니다.

풍력 발전기

그냥 부는 바람도 우리에게 전기를 만들어 줄 수 있다니 자연의 힘은 정말 대단하지요?

거대한 회오리바람, 토네이도

회오리바람은 겨울에서 봄으로 계절이 바뀔 무렵에 많이 생깁니다. 그 까닭은 낮이 길어지면서 날씨가 따뜻해지고, 겨우내 얼었던 땅이 데워지기 때문입니다. 그렇지만 낮 동안 데워졌던 땅도 밤이 되거나 구름이 많이 끼면 금방 식어 온도가 빠르게 변하게 됩니다. 게다가 좁은 지역에서 온도가 빠르게 변하면, 더운 공기와 찬 공기가 휘말리면서 높이 솟구칩니다. 이것이 바로 회오리바람입니다. 회오리바람을 멀리서 보면, 아래쪽은 좁고 위쪽은 넓은 것을 알 수 있습니다. 그 이유는 바람의 중심이 낮은 곳에 있기 때문입니다.

미국 중서부 지방에는 겨울에서 봄으로 계절이 바뀔 때면, 거대한 회오리바람이 자주 일어납니다. 이 회오리바람을 '토네이도'라고 합니다.

토네이도

《오즈의 마법사》의 주인공 도로시가
토네이도를 타고 하늘 높이
날아가는 장면이 생각나네요.
수많은 사람들을 다치게 하고
재산피해를 일으키는 토네이도는
무서운 자연재해입니다.

바람에 몸을 맡기렴! · 109

18. 비

비는 하느님의 눈물?

야, 비가 온다! 비가 와!

뭐? 비가 오는 게 싫다고? 우산도 써야 하고 흙탕물고 튀니까? 하지만 비가 오지 않으면 어떻게 되겠니? 식물도 동물도 아무것도 자랄 수가 없을 거야. 그리고 하늘에 떠 있는 먼지는 누가 다 씻어 주겠니?

물론 비가 너무 많이 오면 좋지 않은 일도 생기지. 하지만 비는 우리에게 고마운 존재란다. 오늘 비가 오는 걸 보니, 하느님께서 슬픈 모양이라고? 그게 무슨 소리니? 비는 하느님이 하늘나라에서 흘리

신 눈물이라고? 하하하. 너희 중에는 정말로 그렇게 생각하는 친구도 있구나. 맞아. 요즘은 세상에 슬픈 일이 너무 많아서 하느님께서 정말 울고 계실지도 몰라. 그렇지만 비는 하느님의 눈물이 아니란다. 어떻게 해서 비가 내리는지 얘기해 줄게.

바닷물이나 강물, 땅 위의 물기 같은 것은 보통 자연스럽게 수증기가 되어 하늘로 올라간단다. 수증기는 아주 높이높이 구름 꼭대기까지 올라가지. 새털구름이나 양털구름처럼 얇고 예쁜 구름 말고, 뭉게구름처럼 두꺼운 구름 위로 말이야.

구름 꼭대기는 온도가 낮단다. 마치 산꼭대기에 올라가면 추운 것처럼 말야. 그래서 수증기는 꽁꽁 얼어서 아주 작은 얼음 알갱이가 된단다. 하지만 아주 가벼우니까 구름 위에 둥둥 떠 있지. 얼음 알갱이는 친구가 많아서 외롭지 않아. 먼지들도 있고 아직 얼지 않은 작은 물방울들도 있으니까.

또 땅 위에서 새로운 친구들이 계속 올라오거든.

하지만 친구들이 너무 많아 구름 안이 좁아지면 서로 부딪치거나 합쳐지는 거야. 부딪치면서 먼지랑 물방울들이 얼음 알갱이에 달라붙게 되지. 자꾸만 얼음 알갱이에 먼지랑 물방울이 달라붙으면 무거워지겠지? 그러면 아래로 떨어지는 거야. 그런데 구름 아래는 구름 위보다 날씨가 훨씬 따뜻하단다. 따라서 얼음 알갱이는 녹아 다시 물방울이 되는 거라고.

그렇게 물방울이 되면 그냥 그대로 땅에 떨어질 수도 있고 옆에 있는 다른 물방울과 합쳐져서 더 큰 물방울이 될 수도 있어. 그렇게 땅 위에 떨어지는 것이 바로 비야.

어때? 물이 수증기가 되어 하늘로 올라가고, 얼어서 얼음 알갱이가 되어 구름이 되고, 녹아서 빗방울이 되어 땅에 떨어지면 다시 물이 되는 거야. 계속 돌고 도는 거지.

친구들 중에는 입을 '아' 벌리고 빗방울을 받아 먹는 장난을 하는 친구들이 많지? 하지만 빗방울이 물방울과 먼지가 달라붙어 생긴다는 것을 안다면, 그런 장난 안 하겠지? 더러우니까 말이야. 그리고 요즘에는 공기가 나빠져서 아주 더러운 먼지들이 달라붙는데, 산성비라고 들어 봤을 거야.

그러니까 입을 벌리고 빗물을 마시지도 말고, 비를 흠뻑 맞고 놀아서도 안 되겠지?

한걸음 더

눈이 내리는 까닭

눈 결정의 모습

구름 속에는 물방울들이 먼지와 뒤섞인 채 얼어 있습니다. 이 얼음 알갱이들이 서로 합쳐지다가 무거워지면, 땅으로 떨어집니다. 이때 땅의 날씨가 따뜻하면 얼음 알갱이들이 녹아서 비가 되고, 추우면 그냥 언 채로 떨어집니다. 언 채로 떨어지는 것이 바로 눈입니다. 눈의 얼음알갱이를 결정이라고 합니다. 눈의 결정은 여러 모양을 띠고 있습니다. 하지만 모두 같은 모양은 아니에요. 지역마다 온도가 다르기 때문에 결정의 모습도 다르답니다.

우박과 눈의 차이점은 뭔가요?

우박은 눈처럼 하늘에서 차가운 물방울이 얼어붙어 땅 위로 떨어지는 것입니다. 하지만 눈과는 다른 점이 있어요. 우박은 처음에는 눈의 형태로 떨어지다가 구름 알갱이가 더욱 급속한 속도로 얼고 그렇게 빨리 언 구름 알갱이들이 구름 속에서 충돌하여 점점 커집니다. 그리고 빠른 속도로 떨어지죠. 그것을 우박이라고 합니다. 우박은 일반적으로 몇 분 정도면 그치지만 때로는 30분 이상 내리는 경우도 있다고 합니다. 크기는 보통 지름이 1cm 미만이지만 2~3cm 정도의 것도 있고, 그보다 훨씬 큰 것도 있어요. 우박은 종종 농작물이나 건물, 항공기 등에 피해를 일으킵니다.

실제 우박의 모습

초등학생이 가장 궁금해 하는 지구상식 18

인공 비로 가뭄을 해결할 수 있나요?

사람들은 필요에 따라서 인공적으로 비나 눈을 오게 할 수 있도록 실험을 하고 있어요. 그것을 인공강우 연구라고 말하는데요, 그 연구가 활발하게 진행되면 지구온난화로 인한 가뭄으로 고생하는 지역에 도움이 될 수 있을 것이라고 기대하고 있습니다.

인공 비를 만드는 방법

인공 비는 하늘에 떠 있는 항공기 등을 이용하여 구름에다가 드라이아이스나 요오드화은이라는 화학 약품을 뿌려서 만듭니다. 그것을 '씨 뿌리기'라고 부르기도 한답니다. 그렇게 뿌려진 비의 씨에 구름 속의 물방울들이 엉겨 붙으면서 얼음 알갱이가 됩니다. 그리고 이 얼음 알갱이가 점점 뭉치면서 무거워져 아래로 떨어지면서 비가 되는 것입니다.

항공기에 부착된 비의 씨앗을 뿌리는 장치

과학 기술 발달로 인해 더 이상 가뭄 걱정을 하지 않아도 될 날이 멀지 않았습니다. 이렇게 인공 비로 가뭄을 해결하면 되니까요.

황사현상이란?

해마다 3월 초에서 5월 초 사이면 누런 흙먼지가 우리나라를 뒤덮는 날이 많습니다. 이것이 황사현상입니다. 해마다 겨울 끝 무렵이 되면 중국의 서쪽 사막과 황토지대에서는 강한 회오리바람이 자주 생깁니다. 이때, 회오리바람을 타고 흙먼지가 하늘 높이 올라갑니다. 그리고 높이 올라간 흙먼지는 서쪽에서 동쪽으로 부는 바람인 편서풍을 타고 서해를 건너 우리나라와 일본까지 날아갑니다.

황사가 심하면 봄인데도 날씨가 추울 때가 있고, 흙먼지가 섞인 비가 내릴 때도 있습니다. 요즘에는 중국에 공장이 많이 생겨서 시커먼 연기가 황사에 뒤섞여 우리나라까지 날아오기도 합니다. 이런 황사는 동물이나 식물은 물론 사람에게도 해롭답니다.

그러면 이런 황사를 막을 수 있는 방법은 없을까요? 중국의 사막과 황토 지대에 숲을 가꿔서 늘 촉촉이 젖어 있게 하면, 황사현상이 일어나지 않을 수도 있을 것입니다.

황사

19. 번개

벼락 맞은 야옹이

번쩍, 우르르 쾅! 번쩍, 콰르르 쿠앙!

점심때가 지나자, 시커먼 구름이 몰려들기 시작했어요. 그러더니 세찬 바람이 불고 굵은 빗줄기가 퍼붓는 거예요. 그뿐만이 아니에요. 시커먼 구름 속에서 번쩍하고 번개가 칠 때마다 천둥소리가 귀를 찢을 듯이 들려 왔어요.

"소나기다! 어서 피하자."

시냇가로 소풍 나온 고양이 식구들은 비를 피해 언덕 위의 빈집으로 달려갔어요.

"얘들아, 넘어질라! 천천히 조심해서 가거라."

엄마, 아빠 고양이는 짐을 챙겨 뒤따라가며 아이들한테 말했어요. 식구들은 비에 흠뻑

젖은 채 빈집으로 들어갔어요. 그러는 동안에도 하늘에서는 천둥 번개가 요란하게 쳐 댔어요. 번개가 칠 때는 마치 하늘이 둘로 갈라지는 것 같았어요.

아이들은 번개와 천둥이 칠 때마다 두 눈을 꼭 감고 손으로는 귀를 막았어요. 계속해서 시커먼 하늘 저 쪽에서 번갯불이 번쩍하고 일었고 곧이어 천둥소리가 귀를 때렸어요.

"엄마야!"

아이들은 천둥소리가 날 때마다 비명을 지르며 엄마, 아빠한테 매달렸어요. 그런 아이들이 귀여운지, 아빠가 허허 웃으며 말했어요.

"조금만 기다리자. 소나기니까 금방 그칠 거야."

하지만 소나기는 쉽게 그치지 않았어요. 번개와 천둥도 빈집을 금방이라도 무너뜨릴 것처럼 쳐 댔어요. 그때 갑자기 엄마가 소리쳤어요.

"여보! 우리 야옹이, 야옹이가 안 보여요!"

"뭐라고요?"

아빠도 크게 놀라며 아이들을 보았어요. 정말 막내인 야옹이가 보이지 않는 거예요. 엄마, 아빠는 천둥 번개가 치는 빗속으로 다시 뛰어 나갔어요.

"야옹아! 야옹아!"

엄마와 아빠는 야옹이를 부르며 시냇가로 달려갔어요. 엄마는 막내 야옹이가 너무 걱정된 나머지 엉엉 울고 있었어요. 그때 아빠가

벼락 맞은 야옹이 · 117

소리쳤어요.

"여보, 저기!"

아빠가 시냇가 옆에 있는 커다란 나무 한 그루를 가리켰어요. 나무는 벼락을 맞아 불에 타고 있었어요. 더욱 놀라운 것은 나무 밑에 야옹이가 쓰러져 있는 거였어요. 아빠는 한달음에 야옹이한테로 달려갔어요.

"아가야!"

아빠는 꼼짝도 하지 않는 야옹이를 안아 올렸어요. 엄마는 엉엉 울면서 야옹이의 얼굴에 자꾸만 뺨을 비벼 댔어요. 그러자 죽은 것처럼 꼼짝도 하지 않던 야옹이가 조금씩 몸을 움직였어요. 그리고는 "엄마!" 하는 거예요.

"야옹아, 살아 있었구나! 미안해! 우리가 잘못했다!"

엄마, 아빠가 야옹이를 데리고 오자 모두들 기뻐하며 야옹이를 맞았어요.

야옹이는 번개가 치자, 너무 놀라 시냇가 옆에 있는 큰 나무로 올라갔대요. 그런데 나무에 벼락이 치는 바람에 그만 정신을 잃고 나무에서 떨어졌다는 거예요. 그러니까 야옹이는 벼락을 맞고도 살아난 거지요. 식구들은 모두 놀랐어요.

"큰일 날 뻔했구나. 천둥 번개가 치는 날에는 절대로 나무에 올라가면 안 된다. 커다란 나무에는 벼락이 잘 떨어지거든."

어느새, 비가 그치고 시커먼 구름 사이로 새파란 하늘이 보이기 시작했어요.

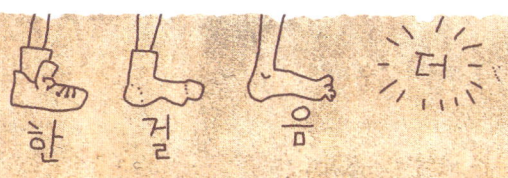

벼락, 이렇게 피하세요!

번개가 치는 날에는 안전한 곳으로 피해 있는 것이 가장 좋은 방법입니다. 건물 가까이에 있을 때는 건물 안으로 들어가세요. 만일 들어갈 수 없다면 피뢰침이 있는 건물 가까이에 있도록 하세요. 피뢰침은 벼락의 피해를 막기 위해 건물의 가장 높은 곳에 세우는 끝이 뾰족한 금속의 막대기입니다. 벼락의 충격 전류를 땅으로 안전하게 흘려보냄으로써 피해를 줄이는 역할을 하지요. 그리고 벼락으로부터 안전하려면 쇠붙이로 된 물건을 높이 들지 마세요. 벼락은 쇠붙이를 좋아합니다. 그리고 나무 밑으로 숨었다가는 야옹이처럼 벼락에 맞을 위험이 큽니다. 또 차 밖에 있는 것보다 차 안에 있는 게 훨씬 안전합니다.

피뢰침

고층 건물을 자세히 살펴보면 피뢰침을 발견할 수 있답니다.

왜 번개가 치고 난 다음에야 천둥소리가 들리는 걸까요?

번개가 치는 까닭은 구름이 전기를 띠고 있기 때문입니다. 많은 비를 머금고 있는 먹구름은 높은 하늘까지 두껍게 쌓입니다. 이렇게 두껍게 쌓인 먹구름은 매우 차갑습니다. 그런데 햇빛이 달구어진 땅에서는 따뜻한 바람이 생기며 높이 올라갑니다. 따뜻한 공기와 차가운 공기는 서로 엄청난 힘으로 끌어당기며 충돌합니다. 이때, 주변의 공기가 불타면서 번개가 치는 것입니다.

번개는 매우 짧은 시간에 공기를 태우기 때문에, 마치 폭탄이 터지는 것 같은 요란한 소리를 냅니다. 이 소리가 바로 천둥소리입니다. 그런데 천둥소리는 왜 번개가 치고 난 뒤에 들리는 것일까요? 그건 바로 소리의 속도 때문이

번개

랍니다. 소리는 1초에 340m를 달려갑니다. 그러니까 번개가 친 다음에 천둥소리는 1초에 340m를 달려서 우리의 귀에까지 들리는 셈입니다.

번개는 하늘에서 공기끼리 부딪치면서 생기는 것이고 그것이 땅으로 떨어지는 것을 벼락이라고 합니다.

벼락 맞은 나무

번개가 모래도 녹인대요

번개는 따뜻한 공기가 공중의 차가운 구름과 부딪치면서 생긴 매우 센 전기입니다. 또 번개가 내는 열은 매우 뜨겁기 때문에 모래도 녹일 수 있다고 합니다.

사막을 비롯하여 바닷가나 강가의 모래밭을 자세히 살펴보면, 속이 텅 빈 막대기 모양의 관을 발견할 수 있습니다. 이 관은 모래가 번갯불에 녹아 만들어진 모래관입니다.

이 모래관은 아직 우리나라에서는 발견된 적이 없습니다. 왜냐하면 우리나라의 땅은 숲이 많고 늘 젖어 있는 곳이 많기 때문에 그렇습니다. 하지만 모래가 많은 낙동강 하류의 강가나 바닷가 백사장 같은 곳을 잘 찾아보면 발견할 수도 있다고 합니다. 아직 발견하지 못했을 뿐입니다.

20. 무지개

무지개를 타고 싶어!

　아기 너구리 알록이와 달록이 남매는 숲 속에서 노는 것을 좋아합니다. 놀다가 싫증이 나면, 혼자 사는 오소리 아줌마네 굴에 놀러갑니다. 그러면 아줌마가 맛있는 옥수수며 감자를 주기도 합니다.

　그날도 남매가 오소리 아줌마네 집에서 나와 집으로 돌아가고 있었어요. 갑자기 하늘에 시커먼 구름이 몰려들기 시작했어요. 그러더니 곧 굵은 빗방울이 후두둑후두둑 떨어지는 거예요. 소나기였어요.

　남매는 비를 피하려고 숲길 옆에 있는 밭으로 달려갔어요. 거기에는 사람들이 지어 놓은 원두막이 있었거든요. 다행히 원두막에는 사람이 없었어요. 남매는 얼른 원두막으로 올라갔어요. 빗줄기는 시간이 지날수록 더욱 굵어졌어요. 원두막 옆에 있는 도랑에는 어느새 흙탕물이 가득 넘쳐흐르고 있었어요.

　"누나, 빨리 비가 그치면 좋겠다, 그렇지?"

　"그래. 엄마 아빠가 기다리실 텐데……."

　둘은 젖은 몸을 말리며 밖을 내다보며 비가 그치길 기다렸어요. 잠시 시간이 흐르자 거짓말처럼 비가 그쳐 있었어요. 그리고 저쪽 산모퉁이에서부터 햇살이 다가오는 게 보였어요.

"아, 무지개다!"

알록이가 동쪽 하늘을 바라보면서 소리쳤어요.

"어디 어디? 우와, 정말!"

달록이도 누나가 가리키는 쪽을 바라보며 소리쳤어요. 남매는 원두막 모서리에 나란히 걸터앉아 빨주노초파남보 일곱 빛깔이 예쁘게 드리운 무지개를 감상했어요.

"정말 예쁘다. 그치?"

알록이는 동생 달록이를 바라보며 말했어요. 그러나 숲 속에서 노느라 피곤했던지 달록이는 어느새 잠들어 있는 게 아니겠어요. 알록이는 달록이가 조금 더 잠을 잘 수 있도록 조용히 무릎을 빌려 주었죠.

달록이는 꿈에서 예쁜 무지개로 올라가서 놀고 있는 누나 알록이를 보았어요. 그래서 자기도 무지개 위로 올라가려고 했지요. 그런데 조금만 올라가면 미끄러지는 거였어요. 누나는 무지개 위에서 재미있다는 듯이 웃기만 할 뿐이에요.

"나도 올라가게 해 줘. 무지개를 타고 싶단 말이야!"

"어디, 올라와 봐! 너 혼자서 올라오란 말이야."

마침내 달록이는 울음을 터뜨렸어요. 누나가 이렇게 말할 줄은 정말 몰랐거든요.

"달록아, 왜 그래? 왜 우는 거니?"

그 바람에 달록이는 잠에서 깨어났어요. 그러고는 무지개가 있던 동쪽 하늘을 바라보았죠. 그런데 무지개는 온데간데없고, 하늘은 구름 한 점 없이 맑게 개어 있었어요.

"누나, 무지개 어디 갔어? 나도 누나처럼 무지개를 타고 싶은데."

"응? 무슨 소리야? 내가 무지개를 타기라도 했단 말이야?"

달록이는 그제야 자신이 본 그 광경이 모두 꿈이었다는 것을 알게 되었어요.

"아, 꿈이었구나. 꿈속에서 누나가 나를 혼자 두고 신나게 무지개를 타고 있었어."

"그랬구나. 다시 무지개가 나타나면 꼭 같이 타자! 울지 마! 알았지?"

달록이는 언제나 다정하고 상냥한 누나가 옆에 있어서 정말 마음이 놓였어요.

무지개는 왜 생기는 걸까요?

비가 그치고 햇살이 나오면 태양의 반대쪽에서는 햇빛이 빗방울에 반사되어 무지개가 보입니다. 무지개가 있는 곳에는 아직 비가 오고 있기 때문입니다. 무지개가 둥그런 반원 모양으로 뜨는 까닭은 햇빛이 빗방울에 비치면서 휘어지기 때문입니다. 이렇게 빛이 휘어지는 것을 굴절이라고 합니다.

무지개는 빨강, 주홍, 노랑, 초록, 파랑, 남색, 보라의 일곱 빛깔로 이루어져 있습니다. 그런데 무지개가 만들어지는 빗방울은 물이기 때문에 빛깔이 없습니다. 햇빛의 일곱 가지 빛깔이 빗방울에 반사되어 우리 눈에 무지개로 보이는 것입니다.

쌍무지개

도시 위로 솟은 무지개

무지개는 왜 자꾸 도망갈까요?

무지개는 해의 반대쪽으로 물러납니다. 그 까닭은 비가 태양이 있는 쪽에서부터 서서히 해의 반대쪽으로 그쳐 가고 있기 때문입니다. 그렇다면 비가 그치는 것보다 더 빨리 무지개가 있는 곳으로 가면, 무지개를 잡을 수 있지 않을까요? 아무리 빨리 무지개가 있는 곳으로 가도 무지개를 잡을 수는 없습니다. 그곳에는 아직 비가 내리고 있거든요.

무지개를 직접 만드는 방법

아름다운 무지개를 우리가 직접 만들어 볼 수는 없을까요? 물론 우리의 힘으로도 얼마든지 무지개를 만들 수 있습니다. 먼저 구름이 없는 맑은 날이어야 합니다. 여러분이 할 일은 물을 준비하는 일입니다. 물이 준비 됐으면 입에 가득 물을 머금어 보세요. 이때 태양이 서쪽에 있는 오후라면, 해와 반대쪽인 동쪽을 향해 입 안의 물을 '푸우!' 하고 뿜어 보세요. 그러면 조그맣고 희미한 무지개가 생깁니다.

우리 주변에서도 무지개를 쉽게 찾아볼 수 있습니다. 바로 분수대로 가면 무지개를 볼 수 있어요. 분수대에 가서 태양을 등지고 분수를 바라보세요. 그러면 무지개를 볼 수 있을 것입니다. 또 폭포가 쏟아지는 곳에서도 무지개를 볼 수 있습니다.

분수가 내뿜는 물방울이 만드는 무지개

무지개는 멀리서만 볼 수 있고, 가까이 다가가면 빛깔은 보이지 않고 비만 내리고 있어요.

21. 밀물과 썰물

달, 달, 힘센 달

철썩 철썩, 쏴아아! 훌쩍 훌쩍!

컴컴한 바닷가에서 혼자 울고 있는 나는 누구냐고? 난 바로 바닷물이야. 오늘 너무 속상한 일을 당해서 이렇게 한밤중에 울고 있단다.

오늘 낮에 한별이가 바닷가에 놀러 왔어. 한별이는 누나인 은별이랑 흰 모래 밭에 예쁜 성을 쌓아 놓았어. '한별이와 은별이가 만든 모래성'이라고도 표시해 놓고 말이야. 그런데 한별이가 저녁을 먹고 다시 모래밭에 왔을 때는 모래성이 흔적도 없이 사라져 버렸어. 내가 다 삼켜 버렸거든. 그랬더니 한별이는 내가 밉다며 나한테 모래를 마구 던지면서 화를 내는 거야.

"이 심술꾸러기야! 갑자기 쳐들어와서 내 모래성을 삼켜 버리면 어떻게 해. 넌 나빠!"

　내가 모래성을 없애 버린 건 사실이지만, 그건 내 잘못이 아니야. 내가 일부러 그런 게 아니니까! 이게 다 누구 탓인 줄 아니? 바로 저기 떠 있는 달 때문이야. 정말이라니까! 나 같은 바닷물이 바닷가에 들어왔다 나갔다 하는 것은 모두 달의 힘 때문이라고.

　달과 지구는 서로 끌어당기는 힘이 있어. 그 힘이 아주 세다면 서로 붙어 버리겠지. 하지만 그렇게 세지는 않아서 바닷물만 조금 끌려 갈 뿐이지.

　바닷물이 바닷가에 들어오는 걸 밀물이라고 해. 그건 달이 가까이에 있어서 바닷물을 끌어당기기 때문이야. 달과 마주 보고 있는 가장 가까운 부분이 달의 힘 때문에 밀물이 되는 거지. 지구의 양쪽 옆 부분은 바닷물이 앞쪽으로 끌려가서 바닷물이 바다 쪽으로 사라져 버리는 썰물이 되는 거란다. 그러면 달이 보이지 않는 반대쪽 지구의 바다는 어떨까? 거기는 달이 끌어당기는 힘이 없으니까, 바닷물이 그대로 남아서 밀물이 되는 거라고.

　그러니까 잘 생각해 봐. 지구가 하루에 한 번씩 도니까 밀물과 썰물이 하루에 두 번씩 일어나겠지?

　그래서 여섯 시간마다 한 번씩 바닷물이 불었다 줄었다 하는 거야.

내가 들락날락해서 싫다고? 그렇다면 잘못 생각하는 거야. 밀물과 썰물이 있어서 좋은 게 얼마나 많은데?

바닷물이 빠져 나가면 갯벌 같은 곳에서는 게, 낙지, 조개 들을 잡을 수 있어. 그리고 바닷물이 들어올 때는 모래도 가져다주고, 또 물고기랑 조개 같은 것들을 다시 데리고 오잖아.

이젠 밀물과 썰물이 내 잘못이 아니라는 걸 알았겠지? 그러면 너희들이 한별이한테 가서 화가 풀리게 잘 좀 이야기해 줄래? 그리고 너희들도 바닷가에서 놀 때는 바닷물이 들어오고 나가는 시간을 알아 두렴. 내가 또 모래성을 삼켜 버리지 않게 말이야.

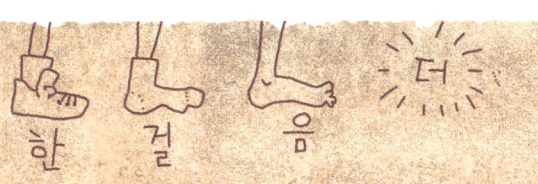

갯벌은 어떻게 만들어질까요?

우리나라의 서해안 갯벌은 세계 5대 갯벌 가운데에 하나일 만큼 서해안을 따라 매우 넓게 펼쳐져 있습니다. 서해안에 이렇게 넓은 갯벌이 만들어진 것은 바로 밀물과 썰물의 차이가 크기 때문입니다. 밀물일 때는 매우 먼 곳까지 바닷물이 빠져나갑니다. 이때 바닷물이 빠져 나간 거리만큼을 갯벌이라고 합니다.

그렇지만 밀물과 썰물이 있다고 해서 아무 바닷가나 다 갯벌이라고 불리는 것이 아닙니다. 고운 진흙으로 뒤덮여 있어야 갯벌이라고 할 수 있습니다. 서해안 갯벌은 매우 고운 진흙이 겹겹이 쌓여 있습니다. 이 진흙은 우리나라와 중국에서 강을 타고 흘러든 것입니다.

갯벌

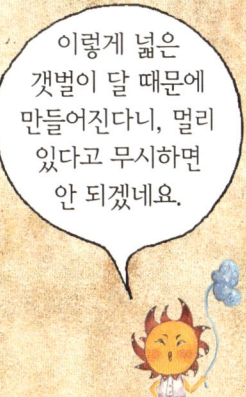

이렇게 넓은 갯벌이 달 때문에 만들어진다니, 멀리 있다고 무시하면 안 되겠네요.

왜 서해에만 밀물과 썰물이 있나요?

우리나라는 삼면이 바다로 둘러싸여 있어요! 바다가 있어 좋은 점이 참 많아요. 그 중에서 갯벌은 우리 생활에 많은 도움이 됩니다. 갯벌은 밀물과 썰물로 인해 생긴 거예요. 하지만 왜 밀물과 썰물은 동해에서는 일어나지 않고 서해에서만 일어날까요? 밀물과 썰물에 대해 알아볼까요?

밀물과 썰물이 가장 크게 나타날 때

밀물이 가장 크게 나타날 때는, 달이 아예 뜨지 않는 그믐 때와 둥그런 달이 뜨는 보름 때입니다. 이때를 '한시리'라고 합니다. 반대로 상현달과 하현달, 곧 반달이 뜰 때는 썰물이 가장 큰 차이가 납니다. 이때를 '조금'이라고 합니다. 이러한 현상은 한 달에 두 번씩 나타납니다.

밀물

밀물과 썰물의 정도는 바다마다 다 같을까요?

태평양같은 큰 바다에서는 밀물과 썰물의 차이가 겨우 80cm에 지나지 않습니다. 그렇지만 해안선의 모양을 비롯하여 육지의 생김새와 위치, 지구의 자전, 바닷속의 모양에 따라서 그 차이가 매우 크고, 일어나는 시간도 다릅니다. 우리나라의 인천 앞바다는 밀물과 썰물이 잘 일어나는 여러 가지 조건을 다 갖추고 있어 밀물과 썰물의 차이가 세계 어느 바닷가보다 큽니다. 어떤 때는 10m까지 차이가 나기도 하죠.

달에도 바다가 있다면 지구에서처럼 밀물과 썰물이 있을 것입니다. 지구도 달을 끌어당기는 힘이 있으니까요. 지구가 달보다 크니까 끌어당기는 힘도 더 세겠지요? 그러면 당연히 달의 바다는 지구의 바다보다 밀물과 썰물의 차이가 훨씬 크게 생길 것입니다. 그렇지만 달에는 바다가 없답니다.

썰물

넓은 갯벌을 가지고 있는 우리는 참 행운이군요.

22. 물의 이동

물방울의 여행

숲 속 풀잎에 밤새 이슬방울이 맺혔습니다. 이슬방울은 날이 밝자 크게 기지개를 키며 일어났어요.

"아함, 잘 잤다. 이제 슬슬 떠나 볼까?"

이슬방울은 혼자 중얼거리더니, 풀잎에서 쪼르르 굴러 바로 밑에 있던 옹달샘으로 떨어져 내렸습니다. 옹달샘에는 이슬방울 말고도 땅에서 솟아나온 물방울들도 있었지요. 이슬방울은 다른 물방울들과 어울리면서 반갑게 인사를 나누었습니다.

그때 누군가가 큰 소리로 말했습니다.

"자, 이제 출발하자. 내가 앞장설 테니 모두 내 뒤를 따르렴."

맨 앞쪽에 있던 물방울이었습니다. 그 물방울은 옹달샘을 벗어나 도랑으로 흘러내렸습니다. 그리고 그 뒤를 다른 물방울들이 따르고, 이슬방울도 그 속에 섞여 낮은 곳으로 흘러내리기 시작했습니다.

물방울들은 조그마한 시냇물로 들어서서도 쉬지 않고 재잘거렸습니다.

"난, 지난번에 사람 배 속에 들어갔었는데, 얼마나 지저분하던지 숨도 제대로 쉬지 못했다니까."

그러자 다른 물방울들도 자기가 겪은 일들을 이야기했습니다.

"넌 그래도 운이 좋은 거야. 난 말이야 공장으로 흘러 갔다가 시커먼 기름을 뒤집어 쓴 채 바다까지 흘러갔 단다. 어휴, 그 냄새가 얼마나 고약하고 더러운 지 생각하기도 싫어."

물방울들은 쉬지 않고 재잘거렸습 니다. 어떤 물방울은 더러운 웅덩이에 갇히는 바람에 시커멓게 썩은 적도 있 다고 했습니다. 또 어떤 물방울은 아 이들 교실을 청소할 때 바닥에 뿌려 지기도 했다고 합니다. 이슬방울은 다른 물방울 이 떠드는 소리를 가만히 듣기만 했습니다. 그러면서 속으로 생각했어요.

'난 세상을 깨끗하고 아름답게만 할 수만 있다면, 아무 데나 쓰여도 괜찮아.'

이슬방울은 물방울들과 함께 계속 흘러갔습니 다. 얼마쯤 흘렀을까요? 갑자기 무언가가 굉장한 힘

이 이슬방울과 다른 물방울들을 빨아들였습니다. 이슬방울을 빨아들인 것은 바로 수도관이었습니다. 이슬방울은 수도관을 타고 매우 빠르게 흘러갔습니다. 그렇게 수도관을 타고 흐르던 이슬방울은 마침내 수도꼭지를 통해 밝은 곳으로 나왔습니다.

'여기가 어디지? 처음 와 보는 곳인데?'

이슬방울은 수도관을 타고 어느 조그마한 판잣집으로 흘러온 것이었어요. 그 집에는 "응애!" 하는 갓난아기의 울음소리가 울려 퍼지고 있었습니다. 지금 막 아기가 태어난 것이에요.

이슬방울은 커다란 대야에 담겨 있는 뜨거운 물과 섞인 다음, 아기가 태어난 방으로 옮겨졌습니다. 아기의 할머니는 아기를 물속에 담그고 조심스럽게 씻기기 시작했습니다. 이슬방울은 아기의 얼굴에 살며시 떨어졌다가는 다시 쪼르르 대야 속으로 흘러내렸습니다. 그럴 때마다 아기의 보드랍고 귀여운 살결이 더 깨끗해지는 거였습니다. 그 옆에서는 아기의 엄마가 행복한 표정으로 아기를 보고 있었지요.

할머니는 아기를 다 씻기고 나더니 커다란 대야에 담긴 물을 하수구에 버렸습니다. 이슬방울도 함께 하수구 속으로 버려졌지요. 이슬방울은 아기를 씻기느라고 조금 더러워졌지만, 마음은 행복했답니다. 예쁘고 귀여운 갓난아기를 깨끗이 씻어 주었기 때문이지요.

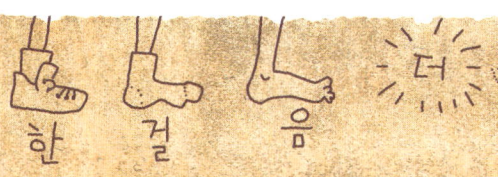

지구를 아름답게 가꾸어 주는 물

집을 청소하거나 옷을 빨 때 꼭 필요한 것이 물입니다. 동물들도 몸이 더러워지면 물로 목욕을 합니다. 식물의 잎이나 줄기에 쌓인 먼지도 빗물이 깨끗이 씻어 줍니다. 만일 비가 오지 않아 먼지가 계속 쌓이기만 하면, 식물은 숨 쉬는 데에 큰 어려움을 겪습니다. 또 하늘을 뒤덮은 오염된 공기도 비가 오면 깨끗이 씻겨 다시 맑고 상쾌한 하늘로 바뀝니다.

풀과 거미줄에 맺힌 이슬방울

비 온 뒤 맑게 갠 하늘

물의 힘은 얼마나 셀까요?

옛날부터 사람들은 물의 힘을 이용해 왔습니다. 물레방아는 물의 힘으로 방아를 찧는 기계입니다. 전기를 일으키는 수력발전도 물의 힘을 이용합니다. 물레방아도 수력발전도 모두 물이 높은 곳에서 낮은 곳으로 떨어지거나 흐르는 힘을 이용합니다.

물의 힘은 우리가 상상할 수 없을 만큼 큽니다. 큰비가 내려 개울과 강물이 크게 불면, 마을이 물에 잠기고, 주변에 있는 것들이 모두 물에 떠내려가 버립니다.

바닷가 마을 사람들은 산더미처럼 밀려오는 해일의 피해를 자주 입습니다. 해일은 먼 바다에서 지진이나 태풍이 일어나면, 그 힘이 바닷가에까지 미쳐 일어납니다. 어떤 때는 해일 때문에 한 마을이 흔적도 없이 사라지는 일도 있습니다.

물레방아

집채만한 파도

> 항상 우리에게 도움이 되는 물도 사실은 그 속에 엄청난 힘을 숨기고 있답니다.

바위에 부딪혀
무섭게 부서지는 파도

세상에서 가장 세고 빠른 바람, 제트기류

저 높은 하늘 위의 1만m도 넘는 높은 곳에서 부는 바람이 있습니다. 이 바람은 한 시간에 200km를 날아갈 만큼 매우 센 바람입니다. 그래서 마치 제트비행기처럼 빠르다고 해서 제트기류라고 하지요.

제트기류는 우리나라처럼 사계절이 뚜렷한 온대 지방을 중심으로 해서 계절마다 위아래로 오르내리며 서쪽에서 동쪽으로 구불구불 불어갑니다. 한겨울에는 우리나라의 훨씬 아래쪽까지 내려가 불고, 한여름에는 북쪽의 시베리아까지 올라갑니다.

제트기류는 매우 빠르기 때문에 비행기에게 많은 영향을 줍니다. 서쪽에서 동쪽으로 날아가는 비행기가 제트기류를 만나면 좀 더 빨리 날아갈 수 있겠지요? 하지만 그 반대로 날아가는 비행기는 바람을 맞으며 날기 때문에 더 많은 연료를 쓸 뿐만 아니라, 시간도 더 많이 걸립니다.

물방울의 여행 · 139

23. 바닷물

붕어의 고집

　먼 바다로 여행을 떠났던 연어가 강으로 다시 돌아왔어요. 연어가 들어오자 강에 사는 물고기 친구들이 연어를 반갑게 맞아 주었어요.
　"연어야, 무척 힘들었지? 어서 먹어."
　붕어가 부드러운 물풀 조각을 주며 말했어요. 그렇지만 연어는 받기만 할 뿐 먹지는 않았어요.
　"연어야, 왜 안 먹어? 배고파 보이는데."
　"응, 강으로 올라온 뒤부터는 아무것도 먹지 않는단다."
　그러자 붕어는 서운한 생각이 들었어요. 그렇지만 하는 수 없는 일이지요. 연어들은 그렇게 사는 것일 테니까요. 한편 붕어는 바다 여행을 끝내고 돌아온 연어가 부러웠어요. 자기도 연어처럼 넓은 바다를 여행하고 싶다고 생각했죠.
　"연어야, 나도 바다에 갈 수 있을까?"
　그러자 연어가 고개를 저으며 말했어요.
　"바다는 매우 위험한 곳이야. 잘못하다가는 큰 물고기들한테 잡혀 먹히고 말아. 그리고 넌 바다에서 살 수 없어. 왜냐하면

바닷물은
매우 짜거든."

붕어가 이상하다는 듯이
물었어요.

"바닷물이 짜다고? 우리가 살고 있
는 이 강물이 흘러서 바다로 가는 건데,
바닷물이 짤 리가 있니? 물이면 다 같은
물 아냐?"

"그렇지 않아. 바닷물에는 소금이 아
주 많이 녹아 있단 말이야. 소금
이 바닷물을 짜게 하거든. 강물
에도 소금이 있기는 하단다. 그렇지
만 아주 조금 밖에 없어서 짠맛을 거의
느끼지 못하는 거야."

그러나 붕어는 계속해서 고집을 피
우는 바람에, 연어는 붕어를 바다로 안내
해 주기로 했어요.

"그러면 날 따라와. 가까운 바다까지만
가보는 거다. 너한테 무슨 일이 생겨
도 난 책임지지 않을 거야."

붕어는 매우 기뻐하면
서 연어의 뒤를 따

라 헤엄을 치기 시작했어요.

드디어 강이 바다와 만나는 곳에 이르렀어요. 연어는 걱정이 돼서 붕어한테 말했어요.

"넌 짠물에서 살 수 없을 텐데……. 지금도 늦지 않았으니까 어서 돌아가지 않을래?"

그렇지만 붕어는 연어의 말을 듣지 않았어요. 오히려 뛸 듯이 기뻐하며 연어를 앞질러 바다로 헤엄쳐 가는 거였어요. 붕어는 신이 나서 바닷속으로 들어갔어요. 그러나 붕어는 얼마 가지 못해 비명을 질렀어요.

"연어야, 나 좀 살려 줘! 숨을 쉴 수가 없어."

연어는 깜짝 놀라 붕어에게 다가갔어요. 붕어는 몸을 마구 비틀며 다시 강으로 돌아가려고 했어요. 그러나 이미 소용없는 일이었지요. 붕어는 얼마 동안 펄떡펄떡 뛰더니 결국 물 위로 떠오르고 말았어요. 붕어는 그렇게 와 보고 싶어 하던 바다까지 와서 목숨을 잃고 만 거예요.

연어는 붕어가 이렇게 쉽게 죽을 줄은 몰랐어요. 그리고 붕어를 끝까지 말리지 못한 것을 후회했어요. 그러고는 엉엉 울면서 죽은 붕어 주위를 빙빙 돌다가 다시 자기가 태어난 강으로 돌아갔답니다.

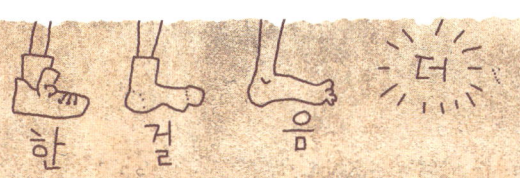

바닷물은 왜 짤까요?

바닷물은 매우 짭니다. 바닷물에는 소금이 많이 녹아 있기 때문입니다. 그러나 바닷물에 녹아 있는 소금은 원래 바닷물에 있던 것이 아닙니다. 물론 바다 밑의 땅에 있던 소금이 바닷물에 섞이기도 했지만, 그것만으로는 오늘날처럼 바다가 짜게 되지는 않았을 것입니다. 바닷물이 지금처럼 짠 것은 육지의 흙이나 바위 속에 섞여 있던 소금이 바다로 흘러들었기 때문입니다.

땅에서 소금을 얻는 곳도 있습니다. 그것은 오랜 옛날에 그곳이 바다였기 때문입니다. 바다 밑이던 땅이 지진이나 화산 폭발 또는 대륙의 이동으로 높이 솟구쳐 육지가 된 것이지요.

이때 바다 위로 솟구친 땅이 사방을 둘러싸서 바닷물을 막아 버리는 일이 생겼습니다. 이 바닷물은 한곳에 고인 채 시간이 지나면서 계속 말라 버렸습니다. 그리고 물속에 녹아 있던 소금만 남게 되어, 육지이지만 소금이 나게 된 것입니다.

염전

세계에서 가장 짠 바다는?

바닷물도 어떤 바닷물은 매우 짜고 어떤 바닷물은 짠맛이 덜하기도 한답니다. 그 까닭은 바닷물에 녹아 있는 소금이 많은지 적은지에 따라 나는 차이 때문입니다. 일 년 내내 비가 적게 내리고 햇빛이 강하게 내리쬐는 바다일수록 물맛이 짜답니다.

반대로 비가 많이 오고 육지에서 흘러드는 강물의 양이 많은 바다는 짠맛이 덜합니다. 또 낮의 길이가 짧은 북극과 남극의 바다도 짠맛이 덜합니다.

세계지도를 보면 아프리카와 아라비아반도 사이에 길고 좁은 바다가 보일 거예요. 그 바다가 바로 세계에서 가장 짠 홍해입니다.

홍해 바다가 가장 짠 이유는 그곳의 날씨가 매우 뜨겁고 건조한데다가 비도 적게 내리기 때문입니다. 말 그대로 일 년 내내 뜨거운 햇볕이 내리쬐는 곳입니다. 따라서 햇빛에 날아가는 바닷물이 많죠. 그뿐만이 아닙니다. 홍해 주변의 육지는 비가 적게 오고 매우 건조하기 때문에 강과 개울이 있더라도 바다까지 흘러들기 전에 모두 말라 버립니다. 따라서 세계의 어느 바다보다 짭니다.

> 바닷속에 있는 해조 때문에 물빛이 붉은빛을 띠는 일이 있으므로 '홍해'라고 불린답니다.

홍해 바다의 모습

지도상의 홍해

24. 흙

감자는 젖은 흙을 좋아해!

햇볕이 따스하게 내리 쬐는 봄날이었어요.

한 농부 아저씨가 메마른 땅에 밭을 일구려고 수레에 젖은 흙을 싣고 와서는 마른 흙 위에 쏟아 부었어요. 촉촉하게 젖은 흙이 자기 위에 덮이자 마른 흙은 기분이 좋아졌어요.

"넌 참 촉촉하고 부드러운 흙이구나. 어디서 왔니?"

젖은 흙은 자기를 반갑게 맞아 주는 마른 흙이 고마웠어요.

"안녕! 난 외양간 뒤에 있는 퇴비 더미에서 왔어. 반갑게 맞아줘서 고마워."

젖은 흙은 인사를 하면서 마음속으로 걱정을 하고 있었어요. 마른 흙이 퇴비 더미에서 온 자기를 싫어할 것 같아서였지요. 아니나 다를까, 마른 흙이 갑자기 낯빛을 바꾸며 소리쳤어요.

"뭐, 뭐라고? 퇴비 더미? 그러면 소똥하고 풀이 썩은 거잖아. 으 웩! 더러워! 난 그런 줄도 모르고……."

마른 흙은 침을 퉤퉤 뱉으며 젖은 흙을 떠밀었어요.

"어쩐지 고약한 냄새가 난다 했더니……, 너처럼 더러운 흙 때문에 나처럼 깨끗한 흙도 욕을 먹는 거라고. 흙이라고 다 같은 흙인 줄 알아?"

"어차피 우린 같은 흙이잖아. 사이좋게 지내자, 응?"

젖은 흙이 사정했지만 소용이 없었어요. 마른 흙은 다시 큰소리로 윽박질렀어요.

"얘가 참 큰일 날 소리를 하네. 너는 동물이나 식물이 썩어서 만들어진 더러운 흙이지만 나는 뼈대가 있는 집안의 흙이란 말이야. 우리 조상이 누군지 알기나 해? 너는 짐작할 수도 없을 만

큼 큰 바위란 말이야."

그때였어요. 어디선가 딸랑거리는 방울 소리가 들

려왔어요. 마른 흙과 젖은 흙은 소리가 나는 쪽을 돌아다보았어요. 농부 아저씨가 소를 앞세우고 지게에 쟁기를 지고 오는 것이 보였어요. 밭을 갈려는 거였지요.

마른 흙은 크게 놀랐어요. 쟁기가 땅을 갈아엎으면 마른 흙은 젖은 흙과 뒤섞여 자기 몸에서도 더러운 냄새가 날 테니까요. 하지만 어느새, 소가 끄는 쟁기가 젖은 흙이 덮인 마른 땅을 갈아엎었어요. 갈아엎은 밭에 농부는 감자를 심었어요. 그런데 이상한 것은 감자가 자라면서 젖은 흙이 있는 쪽으로만 뿌리를 뻗는 거예요. 그러자 마른 흙은 속이 상해서 감자한테 물었어요.

"감자야, 나한테는 뿌리를 뻗지 않고 왜 젖은 흙한테만 뻗는 거지?"

감자는 싱긋 웃고 나서는 마른 흙에게 말했어요.

"너는 바위가 바람이나 빗물에 깎여서 쌓인 흙이기 때문에 영양분이 조금밖에 없어. 그렇지만 젖은 흙은 동물이나 식물이 썩은 것이기 때문에 영양분이 골고루 많이 들어 있다고. 영양분이 많은 젖은 흙 쪽으로 뿌리를 뻗어야 싹도 튼튼하게 자라고 굵고 맛있는 감자도 많이 달리는 거야."

마른 흙은 그만 얼굴이 붉어지고 말았어요. 그러고 보니 자신은 식물들한테 큰 도움을 주지 못하는 흙이지 뭐예요.

그때, 풀밭에서 풀을 뜯고 있던 소가 다가와 마른 흙을 혀로 핥으면서 말했어요.

"난 마른 흙이 좋아! 마른 흙에는 내가 풀에서 얻지 못하는 다른 영양분이 많이 있거든."

토양오염

토양오염의 위험성을 알고 있나요? 토양의 오염은 비료의 과다 사용, 주유소 기름 탱크의 훼손, 화학 공장의 유해 화학물질 유출, 쓰레기 매립 등이 그 원인입니다. 이러한 원인으로 토양이 오염되면 회복에 시간이 오래 걸리고, 지하수에도 영향을 줍니다. 또한 오염된 토양에 곡식을 재배해 우리가 섭취하게 되면 납이나 카드뮴 같은 몸에 치명적인 물질이 우리 몸에 쌓일 수도 있습니다.

흙에 도움을 주는 홍수

홍수는 사람에게 피해만 준다고 생각하지만 도움을 주기도 합니다. 홍수가 나면, 물속에 섞여 있던 흙이 물과 함께 들로 넘쳤다가는 가라앉습니다. 이 흙은 매우 곱고 영양분이 많아서 땅을 기름지게 합니다. 그래서 홍수가 난 해에는 농사를 망쳐도, 그 다음 해부터는 곡식이 잘 자라 풍년이 듭니다.

풍년이 든 논밭

사막도 쓸 데가 있나요?

사막은 모래와 자갈, 바위로 뒤덮여 있습니다. 또 날씨도 건조하고 비도 아주 적게 내려서 아직도 사막하면 쓸모없는 땅쯤으로 생각하기 쉽습니다. 그렇지만 우리는 사막이 지닌 커다란 가치를 새롭게 알 필요가 있습니다. 그 까닭은 사막에는 지구와 생물의 역사가 고스란히 남아 있기 때문입니다.

실제로 아시아 대륙의 한가운데에 있는 고비사막에서는 6천만 년 전까지 지구에 살던 공룡을 비롯해서 갖가지 생물들의 화석이 발견되었어요. 더욱이 공룡의 알 화석에는 갓 깨어나려는 새끼 공룡이 발견되어 사람들을 놀라게 했습니다.

고비사막

또한 아래의 사진은 사하라사막에서 발견된 카르카로돈토사우루스라는 육식공룡의 이빨 화석입니다. 카르카로돈토사우루스가 살던 백악기 초기의 북아프리카는 숲이 무성한 환경이었습니다. 지금은 그 일부가 사하라사막으로 변해 있지만요. 이빨 화석을 통해 학자들은 카르카로돈토사우루스의 모습과 그 당시 사하라사막의 환경을 알 수 있었죠.

사하라사막에서 발견된 카르카로돈토사우루스의 이빨 화석

지구상에 쓸모없는 곳은 하나도 없는 것 같네요.

카르카로돈토사우루스의 상상도

감자는 젖은 흙을 좋아해! · 151

25. 땅속

바위로 성을 쌓았더라면

옛날에 어느 조그마한 나라가 있었어요. 비록 나라는 작았지만 땅이 기름지고 날씨도 따뜻해서 곡식들이 잘 자랐답니다. 게다가 임금님도 어질고 백성들도 부지런해서 모두 행복하게 살았지요.

그렇지만 그 나라에는 한 가지 큰 걱정거리가 있었어요. 바로 바다 건너편에 사는 섬나라 때문이었어요. 섬나라는 땅이 거칠고 돌과 바위가 많아 농사를 짓기에는 알맞지 않았어요. 그래서 섬나라 사람들은 오래 전부터 바다를 건너 작은 나라로 쳐들어오곤 했어요. 그들은 곡식을 마구 빼앗고, 사람들을 함부로 죽이는가 하면, 잡아다가 노예로 부리는 거였어요. 작은 나라 사람들

은 섬나라 사람들이 쳐들어올 때마다 맞서 싸워 보았지만 번번이 크게 패할 뿐이었어요. 견디다 못한 임금님은 어느 날 신하들을 모아 놓고 회의를 했어요.

"경들은 들으시오. 이젠 우리도 이대로 당하고만 있을 수는 없소. 우리도 우리 스스로를 지킬 수 있는 힘이 있어야 하지 않겠소? 좋은 의견들을 이야기해 보시오."

그러자 신하들이 앞다퉈 자기들의 생각을 말했어요. 한 신하가 먼저 말했어요.

"우리도 힘센 군대가 있어야 합니다. 백성들 중에 씩씩한 젊은이들을 불러 모아 칼과 활을 주어 훈련을 시키면 될 것입니다."

"음, 그거 좋은 생각이오."

임금님이 고개를 끄덕이자 한 신하가 또 말했어요.

"임금님, 군대도 중요하지만, 먼저 섬나라 사람들이 쳐들어오는 길목에 높고 튼튼한 성을 쌓아야 합니다. 그러면 우리 군대가 그 성에 지키고 서서 활을 쏘면 섬나라 사람들을 쉽게 막을 수 있을 것입니다."

"그거 좋은 생각이군요!"

임금님과 신하들 모두 맞장구를 치며 고개를 끄덕였어요.

드디어 작은 나라의 백성들이 모두 나서 섬나라 사람들이 쳐들어오는 길목에 성을 쌓기 시작했어요. 그런데 문제가 생겼어요. 땅 위에 있는 돌을 다 주워 성을 쌓았지만, 성을 높이 쌓기에는 턱없이 부족했거든요. 그때 성을 쌓자고 말한 신하가 또 말했어요.

"임금님. 땅을 파면 그 속에 커다란 바위가 있습니다. 그 바위를 깨서 성을 쌓으면 세상에서 가장 튼튼한 성을 만들 수 있습니다."
그러자 다른 신하들이 고개를 저으며 말했어요.
"말도 안 되는 소리 마시오. 땅속에 흙이 있지 무슨 바위가 있다는 말입니까? 괜한 헛고생 시키려고 그런 말을 하는 것이 아닙니까?"
신하들이 모두 나서서 말리는 바람에 임금님은 망설일 수밖에 없었어요. 그러자 땅속에 바위가 있다고 주장한 신하도 굽히지 않고 말했어요.
"임금님, 땅을 파면 분명히 바위가 나옵니다. 만일 제 말이 거짓이라면 제 목숨을 내놓겠습니다. 제발 제 말을 믿어 주십시오."
그러자 다른 신하들은 모두 그 신하를 멀리 쫓아내야 한다고 했어요. 백성들의 힘을 쓸데없는 곳에 쓰게 해서 섬나라 사람들은 돕는다는 계략이라는 거지요. 결국 임금님은 신하들의 고집에 못 이겨 땅을 파자고 말한 신하에게 먼 곳으로 귀양을 명령했어요. 성은 부족한 돌 대신에 흙을 퍼 올려 쌓을 수밖에 없었지요.
가을이 되어 추수가 끝나자, 섬나라 사람들이 쳐들어 왔어요. 섬나라 사람들은 작은 나라 사람들이 쌓아 올린 흙성을 쉽게 부숴 버렸어요.
"아, 땅을 파서 돌을 구하자고 한 신하의 말을 들었더라면……."
작은 나라 임금님은 섬나라 사람들에게 쫓겨서 피난을 떠나며 후회했어요. 그렇지만 이미 때는 너무 늦었지요. 결국 작은 나라는 섬나라에게 나라마저 빼앗겨 버리고 말았답니다.

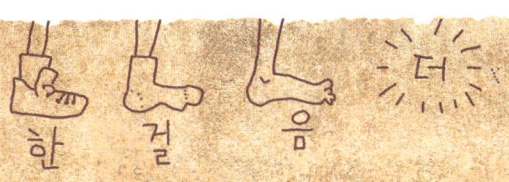

지구의 내부

지구의 구조는 어떻게 되어 있을까요? 지구는 지각, 맨틀, 외핵, 내핵으로 구성되어 있습니다. 지하 30~50km까지는 지각입니다. 암석으로 이루어져 있는 지구의 겉 부분이죠. 지각은 대륙지각과 해양지각으로 구성되어 있습니다. 대륙지각은 주로 화강암으로 구성되어 있고, 해양지각은 주로 현무암으로 되어 있습니다. 이후 2900km까지는 맨틀입니다. 맨틀의 상부는 액체와 고체의 중간, 그러니까 진흙과 같은 물질로 되어 있고 하부는 고체로 되어 있습니다. 맨틀은 지구 전체에서 가장 큰 부피를 차지합니다. 외핵은 액체 상태이고 주로 철과 니켈로 이루어져 있습니다. 내핵 역시 철과 니켈로 이루어져 있지만 외핵과는 달리 고체 상태입니다. 그리고 지구 내부로 갈수록 밀도와 압력, 그리고 온도가 상승합니다.

지구의 단면도

> 지구 내부 물질을 조사하는 방법은 지진파를 이용해 그 파동으로 지구 내부의 물질을 파악합니다.

토양의 산성화

토양의 산성화라는 말을 많이 들어봤을 것입니다. 토양이 산성화가 되면 식물이 제대로 자라지 못해 말라 죽게 되고 낙엽이나 동물의 사체 분해가 잘 되지 않아, 땅속에서 사는 동물들의 영양 공급이나 먹이 제공이 힘들어진다고 합니다.

토양이 산성화가 되는 이유는 여러 가지가 있는데 대표적인 이유를 꼽자면, 첫 번째, 화학비료를 많이 사용하기 때문입니다. 식물이 잘 자라게 하기 위해서는 여러 가지 원소가 필요한데 그 중 질소, 인이나 칼륨이 흙 속의 양으로는 부족해 이를 화학비료로 공급해 줍니다. 그러나 이런 원소들이 흙 속에 남아 있을 경우 질산, 인산, 황산 등으로 그 성질이 변해 토양 산성화의 주요 원인이 됩니다.

두 번째 토양 산성화의 원인은 산성비입니다. 공기는 매연이나 배기가스에 오염되는데 이 매연과 배기가스에는 황, 질소, 탄소 성분이 많이 들어 있습니다. 이들이 물과 만날 경우 산성 물질이 되는 것입니다. 따라서 산성비가 내리고, 토양은 이 산성비를 흡수하여 산성을 띠게 됩니다.

산성화로 인한 삼림 피해

> 토양은 모든 생물의 어머니입니다. 토양이 오염되면 머지않아 곧 우리의 생명도 위태로워집니다.

돌과 바위(암석)에도 종류가 있을까요?

암석은 지구의 표면을 이루고 있는 광물질이 섞여 만들어졌습니다. 이렇게 광물질이 섞이는 과정에 따라서 암석은 화성암, 퇴적암, 변성암으로 나뉩니다. 먼저 화성암은 땅 속의 마그마(용암)가 딱딱하게 식으면서 만들어진 것이에요. 퇴적암은 모래나 흙이 바람이나 강물을 타고 흘러 와, 한 곳에 쌓이면서 단단하게 변한 암석입니다. 또 이런 화성암이나 퇴적암이 엄청난 무게에 짓눌리어 그 성질이 변해서 된 암석을 변성암이라고 합니다.

변성암

화성암

퇴적암

26. 석유

검은 샘의 정체를 밝혀라!

넓은 사막 한가운데 오아시스 마을이 있었어요. 오아시스 마을에는 사막의 여러 동물들이 모여 살았답니다. 동물들은 목이 마르면 샘가에 가서 물을 마시고 배가 고프면 나무 열매를 따 먹고 잠이 오면 나무 그늘로 가서 잠을 잤어요. 샘에서는 늘 차고 맑은 물이 솟아올라 언제라도 목을 축일 수 있었지요.

그런데 오아시스 마을에는 이상한 이야기가 전해지고 있었어요. 오아시스 북쪽 끝으로 가면 시커먼 물이 솟는 샘이 있는데 매우 무서운 곳이어서 가까기 가기만 해도 죽는다는 거였지요. 그래서인지 동물들은 그 근처에는 얼씬도 하지 않았답니다. 이 이야기가 호기심 많기로 소문난 여우의 귀에도 들어갔어요.

"그래? 그렇다면 내가 한번 가 봐야겠군! 나는 꾀가 많으니까 무슨 일이 생겨도 걱정할 것이 없지. 내가 검은 물의 정체를 밝혀내지."

여우가 자신만만해하며 말했어요. 그러자 언제나 여우보다 자기가 더 똑똑하다고 생각하는 원숭이도 나섰어요.

"여우보다는 아무래도 이 원숭이님이 함께 가야 검은 샘의 정체를 밝힐 수 있을걸! 왜냐? 내가 여우 너보다 똑똑하니까."

 여우와 원숭이는 함께 오아시스 북쪽에 있는 검은 샘터로 갔어요. 북쪽으로 갈수록 차츰 숲도 없어지고, 말라 죽은 풀들만 듬성듬성 있을 뿐이었어요. 여우와 원숭이는 반나절을 걸어서 검은 물이 솟는 샘터 가까이까지 다다랐어요. 그런데 이상한 일이었어요. 독한 냄새가 코를 찌르기 시작했어요. 그뿐만이 아니에요. 저만치 보이는 샘터 주변의 모래가 온통 까맣게 보이는 거예요.

"이상한걸! 어쩐지 기분이 좋지 않은데?"

 자신만만해하던 여우가 겁이 나는 모양이에요. 더 걸으려고 하지도 않는 거예요.

"그럼, 그렇지. 네가 겁쟁이라는 건 일찌감치 알아보았다니까. 자, 내가 앞장서지."

 원숭이는 성큼성큼 샘터로 다가섰어요. 사실 원숭이도 겁이 났지만 여우한테 지고 싶지 않았기 때문에 일부러 더 무섭지 않은 척했어요. 여우는 원숭이 뒤에서 엉거주춤 따라 걸었어요.

"엄마얏!"

 앞서 걷던 원숭이가 화들짝 놀라며 뒤로 물러났어요. 여우도 덩달아 뒤로 물러서며 앞을 보았어요. 아, 그런데 이게 웬일입니까? 먼 곳에서 온 것 같은 낯선 동물들이 시커멓게 젖은 채 죽어 있는 거예요. 어떤 동물들은 이미

검은 샘의 정체를 밝혀라! · 159

오래 전에 죽었는지 뼈만 앙상하게 드러나 있었어요. 여우가 겁에 질려 말했어요.

"원숭이야, 우리 그냥 가자. 여긴 무서운 곳인가 봐."

그 말을 들은 원숭이도 겁이 났지만 억지로 웃음을 터뜨리며 말했어요.

"흥! 역시 넌 겁쟁이야. 걱정 말고 날 따라와. 아무 일도 없을 테니까. 여기 죽어 있는 동물들은 너무 먼 길을 오느라고 목이 말라 죽었을 거야."

원숭이는 샘가까지 다가갔어요. 역겨운 냄새가 훨씬 더 심해졌어요. 여우는 조금 떨어져서 코를 막고 서 있었어요. 그 모습을 본 원숭이가 더 크게 웃으며 말했어요.

"아무 일도 없을 테니까, 내가 하는 거나 잘 봐."

그러면서 원숭이는 시커먼 샘물에 풍덩 뛰어드는 거였어요. 그때였어요. 시커먼 물로 뛰어든 원숭이가 허우적거리기 시작했어요. 그럴수록 원숭이는 차츰 깊은 곳으로 빠져 들어갔어요. 여우는 겁에 질린 채 원숭이를 바라보았어요. 얼마나 지났을까? 발버둥치던 원숭이가 겨우 샘가로 빠져나왔어요. 원숭이는 온몸에 끈적거리는 시커먼 물을 뒤집어쓴 채 얼마 있다가 숨을 거두고 말았어요. 여우는 얼이 빠진 채 뒤도 돌아보지 않고 달아나기 시작했어요.

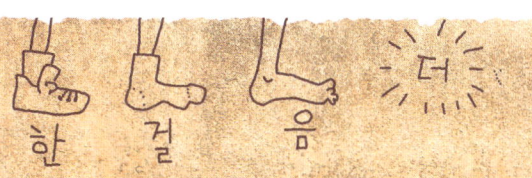

석유의 종류

석유는 지층 속에 묻힌 생물이 아주 오랜 시간 동안 변하여 만들어진 것입니다. 원숭이가 빠져 죽은 샘물의 정체는 바로 석유입니다. 생물들이 죽고, 그 위에 퇴적물이 쌓여 지층이 만들어진다는 건 모두 알고 있죠? 이 지층이 압력을 받아 단단해지는데, 이때 죽은 생물의 흔적도 압력과 온도를 받아 변하게 됩니다. 그렇게 변한 것이 석유입니다. 우리는 그렇게 땅속에 매장되어 있는 석유를 쓰고 있습니다.

불순물을 제거하지 않은 석유를 원유라고 하며 원유에서는 휘발유, 경유, 등유 등이 나옵니다. 가솔린이라고도 하는 휘발유는 원유를 끓였을 때 끓는점의 범위가 약 30~200℃ 정도인 액체 상태의 석유를 말합니다. 자동차, 항공, 공업 등 널리 쓰이고 있습니다. 또한 드라이클리닝에도 이 휘발유가 쓰입니다. 경유는 원유를 끓였을 때 끓는점의 범위가 250~350℃인 석유입니다. 지프차, 트럭이나 버스와 같은 자동차의 연료로 쓰이죠. 등유는 원유를 끓였을 때 끓는점의 범위가 180~250℃인 석유입니다. 주로 가정에서 쓰는 난방 기구에 많이 쓰입니다.

원유

석유 가격

석유는 앞으로도 계속해서 나올까요?

땅에서 석유를 뽑는 모습

옛날 사람들은 석유를 시커멓고 끈적거리는 물 정도로 생각했습니다. 특히 오늘날 석유를 많이 생산하는 나라인 사우디아라비아나 이란, 이라크, 쿠웨이트 같은 나라들은 사막 한가운데 석유가 샘처럼 솟아오르기도 했다고 합니다. 석유는 다른 말로 원유라고도 하는데, 땅속이나 바다 밑에서 갓 뽑아 올린 것을 말합니다.

석유가 나오는 곳은 석탄과 같은 다른 광물에 비해 일부 특정 지역에만 쏠려 있습니다. 그 이유는 지하에 석유가 될 만한 조건이 있어도 석유가 괼 만한 지각의 구조가 되어 있지 않으면 석유가 다른 곳을 흘러가 버려 유전이 형성되지 않기 때문이죠. 현재 알려져 있는 매장량으로는 미국이 세계의 약 25%를 차지하고 있으며, 남미 각국과 중동, 러시아가 그 나머지 대부분을 차지하고 있습니다.

바다의 석유를 채취하는 모습

석유가 일상생활에 널리 쓰이게 된 것은 19세기 후반부터이며, 특히 20세기에 들어서면서 산업의 발달로 연료의 수요가 급증했습니다. 오늘날에는 연료로는 물론 원료와 화학공업에 필요한

전 세계 석유 매장량

자원으로서 방대한 양을 채취하여 사용되고 있어요.

석유는 우리 생활에 없어서는 안 되는 매우 중요한 지하자원입니다. 공장도 자동차도 우리 가정의 전기와 연료도 모두가 석유가 있어야만 움직일 수 있고, 만들 수 있는 것들입니다. 그런데 이렇게 중요한 석유가 얼마든지 나오는 것이 아닙니다. 지구상에 있는 석유는 앞으로 길어야 50년 정도면 다 없어진다고 합니다.

20세기 초 미국 오클라호마 주의 석유 채취

검은 샘의 정체를 밝혀라! · 163

27. 바닷속

토끼의 바닷속 나들이

토끼가 냇가로 내려와 물을 마시고 있었어요. 그런데 그때 물속에서 거북이가 머리를 쏙 내밀며 인사를 했어요.

"토끼야, 안녕! 그동안 잘 지냈니?"

토끼가 깜짝 놀라 냇가에서 물러섰다가 거북이를 알아보고는 얼굴이 굳어졌어요.

"흥, 이번엔 무슨 일로 왔니? 지난번엔 날 죽이려고 하더니 말이야."

토끼는 다시 자기를 찾아온 거북이가 괘씸해서 차갑게 말했어요.

"토끼야 그때는 정말 미안했어. 용왕님이 몹쓸 병에 걸리지만 않았어도 널 속이지는 않았을 텐데 말이야."

토끼는 아주 오래전의 일이 생각났어요. 그때, 토끼는 거북이의 꾐에 빠져 바닷속 구경을 간 적이 있었어요. 그런데 바닷속 구경은커녕

하마터면 목숨을 잃을 뻔 했지요. 지금도 그 일만 생각하면 정신이 아찔하답니다. 그때 좋은 꾀를 생각해 내지 못했더라면 아마도 꼼짝없이 죽었을 거예요.

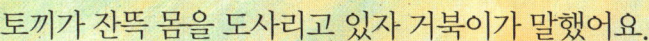

　토끼가 잔뜩 몸을 도사리고 있자 거북이가 말했어요.
　"저 사실은 말이야. 이번에도 너를 데리러 왔거든."
　그 말을 들은 토끼가 펄쩍 뛰었어요.
　"넌 정말 나쁜 거북이구나. 네가 아무리 부탁을 해 봐라! 내가 또 갈 줄 알아? 어림없어!"
　그러자 거북이가 품에서 편지를 꺼내 들었어요.
　"자, 읽어 봐! 용왕님이 지난번 일을 사과할 겸해서 너를 초청한다는 편지야."
　토끼는 거북이가 건네준 편지를 받아들어 읽어 보았어요. 정말 용왕님이 직접 쓴 편지였어요. 지난번 일을 사과한다면서, 그 표시로 바다 밑 구경을 시켜 준다는 거였지요. 토끼는 무척 망설였지만, 이번에도 거북을 따라서 바다 밑 구경을 가기로 했어요. 이번에는 편지 속 내용처럼 정말 바닷속 동물들이 토끼를 반갑게 맞아 주었어요. 게다가 용왕님까지 직접 나와서 토끼를 맞아 주는 거예요.
　토끼는 거북이의 등에 올라타고 바다 밑 구경을 하게 되었어요. 바다 밑의 풍경은 정말 아름다웠어요. 육지처럼 넓은 들이 있는가 하면, 아득하게 깊은 골짜기도 보였어요. 또 마치 육지의 산처럼 바닷속에도 높고 낮은 봉우리들이 끊임없이 이어져 있었지요.

거북이가 이번에는 울긋불긋한 산호가 펼쳐진 곳으로 토끼를 데려갔어요. 그곳에는 온갖 바다 동물들이 평화롭게 살고 있었어요. 토끼는 거북이의 등에서 내려 산호 속을 돌아다니며 물고기들에게 이것저것 물어보았어요. 그때였어요.

"토끼야! 어서 올라타. 빨리 도망쳐야 돼! 상어가 나타났단 말이야."

어디서 나타났는지 커다란 상어 한 마리가 토끼를 향해 다가오고 있었어요. 거북이는 토끼를 등에 태우고 정신없이 달아났어요. 그 뒤에서 상어가 매우 빠르게 쫓아오고 있었어요. 얼마나 갔을까? 바닷물이 점차 얕아지기 시작했어요. 육지가 가까워지자 거북이가 말했어요.

"토끼야, 어서 육지로 뛰어 올라가! 빨리 달아나."

토끼는 거북이의 등에서 내린 다음, 재빨리 육지로 뛰어 올라갔어요. 그리고 뒤를 돌아보는 순간 그만 기절할 뻔했어요. 거북이는 너무 지쳐서 달아나지도 못한 채 상어에게 잡혀 먹히고 있었어요. 토끼는 거북이를 안타깝게 불렀지만, 거북이는 이미 상어에게 물려 죽어 가고 있었답니다.

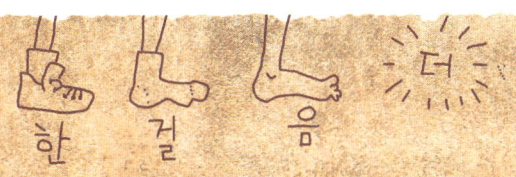

지하자원의 보고, 대륙붕

우리가 살고 있는 육지, 곧 대륙과 맞닿아 있는 바다를 대륙붕이라고 합니다. 대륙붕은 바닷가에서 깊은 바다까지, 가장 긴 경우에 300km까지 조금 비탈이 져서 뻗어 있습니다.

대륙붕은 수심이 35m~240m인 대륙의 연장 부분입니다. 해수면의 상승과 파도의 침식작용으로 인해 운반된 퇴적물이 쌓여서 만들어진 지형입니다. 빙하기 해수면이 낮을 때에는 육지였던 곳이며 빙하가 녹아 해수면이 상승하자 잠긴 부분입니다. 해양 면적의 8%에 불과하지만 천연가스나 석유 같은 지하자원이 풍부하게 매장되어 있는 경우가 많습니다.

해저 지형도

우리나라의 대륙붕 유전 탐사

우리나라에서도 3면의 바다를 여러 구역으로 나눠 대륙붕의 유전을 찾아나서는 석유·가스 탐사 작업을 진행 중입니다.

석유 탐사는 고도의 기술과 막대한 자본이 드는 사업이므로 외국 석유 개발 회사도 같이 참여하는 공동탐사지역도 지정함으로써 효과적으로 석유·가스 탐사를 하는 노력을 지속하고 있답니다.

바다속에는 뭐가 있을까요?

바다 속 몇백 미터부터는 빛도 들어오지 못하기 때문에 매우 어둡습니다. 그런 캄캄한 바다 속에도 육지처럼 산맥이 있고, 들판이 있고, 깊은 골짜기가 있어요. 특히 4000m 깊이의 바다 밑은 드넓은 들판으로 되어 있습니다.

이 들판에는 '해령'이라고 불리는 바다 속 산맥이 있습니다. 해령에서 가끔씩 화산이 폭발하면서 땅이 바다 밖으로 치솟는데, 이것이 바로 화산섬입니다.

세계 해령 분포도

4000m보다 더 깊은 바다 밑에는 매우 길고 깊은 골짜기가 입을 벌리고 있습니다. 이 골짜기를 '해구'라고 하는데, 그 가운데에서도 특히 깊은 곳을 '해연'이라고 합니다. 해구 가운데 가장 이름난 것은 태평양 서쪽에 있는 마리아나 해구입니다. 얼마나 깊은가 하면, 가장 깊은 곳인 챌린저 해연이 10863m나 됩니다. 8848m의 에베레스트 산은 견줄 바가 아닙니다.

마리아나 해구

이렇게 바다 속에도 육지처럼 산과 골짜기, 들판과 암벽 등이 있네요. 물고기들도 심심하지 않겠어요.

28. 생물의 탄생과 진화

식물과 동물의 전쟁

식물들과 동물들 사이에 말다툼이 벌어졌어요. 동물들이 식물들을 너무 많이 먹어 치우는 바람에 식물들이 화가 난 거예요. 식물 중에 가장 나이가 많은 은행나무가 나서서 동물들을 나무랐어요.

"너희 동물들은 도대체 고마움을 모르는구나. 우리가 아니면 너희가 살 수 있을 것 같아? 그렇게 버릇없이 우리를 대했다가는 큰코다칠 줄 알라고."

그러자 동물들 중에 가장 많이 먹는 코끼리가 콧방귀를 뀌면서 말했어요.

"흥, 움직이지도 못하는 주제에……. 너희 식물들은 우리 동물들이 먹으라고 있는 것 아냐? 우리의 밥일 뿐이라고! 게다가 너희는 또 새 잎이 계속 나니까. 우리가 잎을 좀 먹는다고 죽지는 않잖아."

이번에는 아카시아 나무가 나서서 말했어요.

"야, 코끼리야. 네가 정말 나쁜 동물이란 걸 아직도 모르는구나. 넌 내 잎을 뜯어 먹다 못해 가지까지 꺾어 버리잖니? 그것도 모자

라 아예 뿌리째 뽑아 버리기까지 하는 걸 보면, 넌 마땅히 없어져야 할 동물이라고."

그 말을 들은 코끼리가 몹시 화를 내며 아카시아 나무한테 달려들었어요. 그 옆에 있던 기린도 덩달아 아카시아 나무한테 달려들었어요. 아카시아 나무는 가시를 빳빳이 세우고 달려드는 코끼리와 기린을 막으려고 했어요. 그렇지만 코끼리는 긴 코를 쭉 뻗어 나무줄기를 감았어요. 기린도 긴 목을 치켜세우고는 높은 가지에 달린 잎들을 다 뜯어 먹었어요. 코끼리가 아카시아 나무를 쓰러뜨리려고 "끄응!" 하고 힘을 주었어요.

그것뿐만이 아니었어요. 옆에서 지켜보던 크고 작은 다른 동물들도 풀이며 나뭇잎이며 가리지 않고 마구 뜯어 먹기 시작했어요. 식물들은 저마다 동물들로부터 자기를 지키려고 노력했지만, 마구 달려드는 동물들을 막을 수가 없었답니다. 아카시아 나무는 이미 코끼리한테 껍질이 벗겨진 채 뿌리마저 뽑혀 내동댕이쳐져 있었어요. 아카시아 나무가 죽어 가면서 말했어요.

"그래, 좋아! 누가 이기나 싸워 보자."

나이 많은 은행나무도 화가 나서 크게 소리쳤어요.

"자, 빨리 우리를 먹어 치워 봐! 그런 다음에도 너희가 살아남을 수 있는지 두고 보자."

그러자 코끼리와 기린이 이번에는 은행나무한테 달려들었어요. 수천 살 먹은 은행나무도 코끼리와 기린 그리고 많은 동물들이 한꺼번에 달려드는 바람에 그만 쓰러지고 말았어요. 은행나무마저 쓰러지자, 코끼리는 매우 기분이 좋은지 한바탕 크게 웃으며 말했어요.

"흥, 별것도 아닌 것들이 까불고 있어."

동물들은 배가 잔뜩 부를 때까지 풀과 나뭇잎을 먹어 치웠어요. 더구나 멧돼지와 오소리 같은 동물들이 뿌리까지 파헤치는 바람에 식물들은 모두 죽고 말았어요.

그렇게 며칠이 흘렀어요. 동물들은 차츰 배가 고프고 목이 말랐어요. 그래서 먹을 것을 찾아 들판을 헤매며 다녔지요. 그러나 식물들이 뿌리까지 파헤쳐져 모두 죽어 버려서 먹을 것이라고는 아무것도 없었어요. 게다가 샘과 연못의 물이 어느새 말라 버려 더 이상 마실 물조차 없게 된 것이에요.

"왜 그러지?"

"그것 참 귀신이 곡할 노릇이네. 물도 사라지고 먹을 게 없잖아! 어떻게 된 일일까?"

동물들은 모두 머리를 갸웃거리기만 할 뿐, 그 까닭을 몰랐답니다.

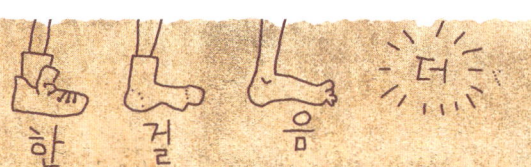

최초의 생명은 어떻게 태어났을까요?

지구가 처음 태어났을 때, 생명이 있는 것은 아무것도 없었습니다. 하늘에는 이산화탄소와 메탄, 암모니아, 수소, 산소 같은 기체만 있었습니다. 생물이 사는 데 가장 필요한 것으로 공기, 물, 빛의 세 가지를 들 수 있습니다. 지구는 공기와 물, 빛, 이 세 가지를 모두 갖추게 되었고, 이런 조건을 갖추자 공중에 떠 있던 기체들이 뒤섞이면서 새로운 물질이 만들어졌습니다. 그 물질이 바로 생명의 가장 기본이 되는 단백질입니다. 이 단백질 덩어리는 공중에 떠 있다가 비가 내릴 때 함께 바다에 떨어졌어요. 그리고 바다에 있던 물질과 섞이면서 아주 단순한 미생물이 되었지요.

그렇다면 맨 먼저 나타난 생물은 무엇일까요? 지구에 맨 먼저 나타난 생물은 '시아노박테리아'라고 하는 미생물입니다. 이 미생물은 아주 원시적인 모양을 한 최초의 생물로서, 그 뒤에 수많은 갖가지 생물이 태어나는 데에 매우 큰 영향을 끼쳤습니다.

시아노박테리아는 육상식물의 엽록체와 같은 방법으로 광합성을 하여 이산화탄소와 물로부터 녹말과 산소를 만들어냅니다

시아노박테리아

지구 최초의 생물은 이처럼 작은 박테리아군요.

식물과 동물의 전쟁 · 173

지구에 맨 먼저 나타난 생물, 박테리아

박테리아는 지구에서 최초로 탄생한 생물입니다. 우리가 흔히 세균이라고 말합니다. 세균이라고 하면 더러운 이미지가 가장 먼저 떠오르죠? 세균에도 무수히 많은 종류가 있습니다. 물론 세균을 통해 병이 옮겨지는 등 안 좋은 점이 많습니다. 하지만 좋은 점도 많이 있답니다.

첫 번째 소개할 누룩곰팡이는 술이나 간장, 된장 등의 식품을 만들어 주므로 우리 생활에 없으면 안 되는 이로운 균입니다. 두 번째는 젖산균 즉 유산균입니다. 많이 들어본 이름이죠? 치즈나 요구르트 등을 만들며 포유류의 장 속에 살면서 해로운 균이 번식하는 것을 막아 주기도 합니다. 그 외에도 페니실린이라는 약을 만드는 푸른곰팡이, 결핵 예방 주사에 사용되는 결핵균 등도 이롭게 사용되고 있습니다.

누룩곰팡이

유산균

균이라고 다 나쁜 것만은 아니었군요.

라니냐 현상

라니냐는 엘리뇨와 거꾸로 일어나는 자연현상입니다. 주로 엘리뇨 현상이 일어나기 전이나 끝난 뒤에 나타납니다.

엘리뇨 현상이 나타나면, 적도 부근 태평양의 서쪽 바다는 차가워집니다. 그러나 라니냐는 그와 반대로 서쪽 바다의 온도가 높아지고 동쪽 바다의 온도가 낮아지는 현상입니다. 이때 적도에 부는 바람인 무역풍도 서쪽으로 불면서 따뜻한 바닷물을 서쪽으로 밀어 갑니다.

라니냐 현상이 나타나면, 자연 환경도 엘리뇨 때와는 반대로 나타납니다. 그래서 에콰도르 같은 나라가 있는 동태평양 쪽은 비가 적게 오고 인도네시아 같은 나라가 있는 서태평양 쪽에는 기온이 올라가고 많은 비가 내립니다. 또 태풍이 자주 생겨서 태풍이 지나가는 나라들은 큰 피해를 입습니다.

29. 시간

과거로의 여행

"넌 꿈이 뭐니?"

누리가 윤아에게 물었어요.

"난 이 다음에 탤런트가 될 거다. 멋진 탤런트가 되어서 사람들한테 즐거움을 줄 거야."

"그래. 넌 지금도 무척 예쁘니까, 탤런트가 참 잘 어울리겠는걸."

누리의 말을 들은 윤아는 기분이 좋아졌어요. 윤아도 누리한테 물었지요.

"누리는 나중에 커서 뭐가 되고 싶은데?"

그러자 누리는 가슴을 쫙 펴며 대답했어요.

"외교관!"

누리와 윤아는 서로 까르르 웃으며 걸어갔어요. 누리와 윤아는 서로 웃다 말고는 남수를 보았어요. 이상하게도 남수는 한마디도 하지 않고 옆에서 걷기만 했거든요. 누리와 윤아는 괜히 미안한 생각이 들었어요. 그래서 남수한테도 물었어요.

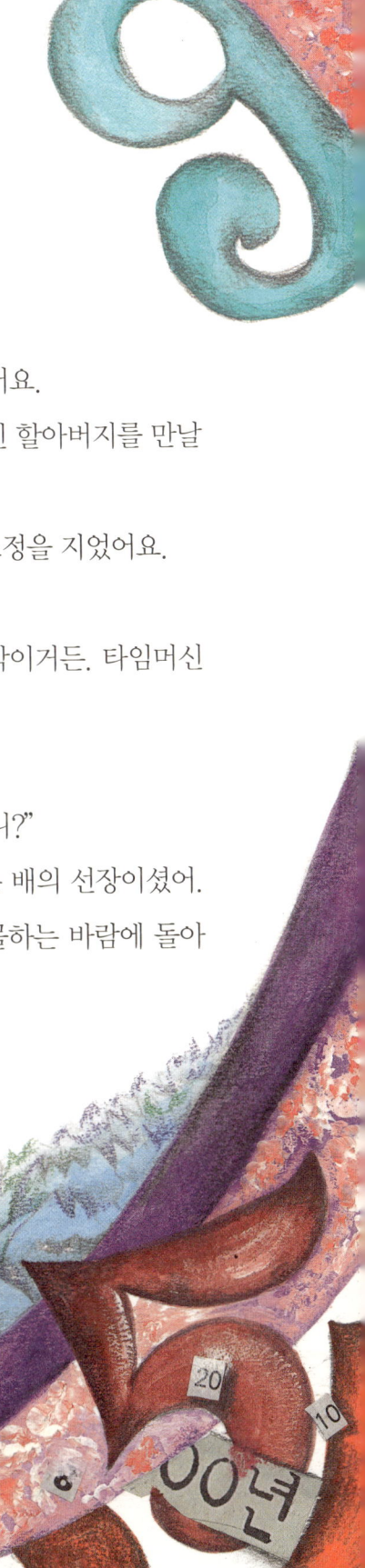

"남수야, 넌 이다음에 무엇이 되고 싶니?"
남수가 무뚝뚝하게 대답했어요.
"과학자!"
"왜 과학자가 되고 싶은데?"
윤아가 남수한테 호기심이 생긴다는 듯이 물었어요.
"과학자가 돼서, 아버지가 나만했을 때 돌아가신 할아버지를 만날 거야."
그러자 윤아와 누리는 눈을 크게 뜨고는 놀란 표정을 지었어요.
"과학자가 된다고 할아버지를 만날 수 있어?"
"그럼! 다 방법이 있지. 난 타임머신을 만들 생각이거든. 타임머신을 타고 할아버지를 배에서 구해 낼 거야."
누리가 물었어요.
"무슨 말이니? 할아버지를 배에서 구해 내겠다니?"
"우리 할아버지는 먼바다에 나가서 고기를 잡는 배의 선장이셨어. 그런데 태풍을 만나 파도와 싸우다가 배가 침몰하는 바람에 돌아가셨어."

남수는 말을 마치고는 잠시 생각에 잠겼어요. 파도를 따라서 이리 기우뚱, 저리 기우뚱 하는 할아버지의 배가 눈에 선하게 보였어요. 그리고 그 배 안에서 죽을힘을 다해 파도와 싸우고 있는 할아버지와 다른 어부들의 모습이 안타깝게 다가왔어요.

"난 꼭 옛날로 돌아가서, 할아버지와 배를 구해 낼 거야."

그러자 누리가 머리를 갸우뚱거리며 물었어요.

"타임머신을 타고 가서 할아버지를 구하면 그 순간부터는 어떻게 되는 거지?"

윤아도 이상한 생각이 들었나 봐요.

"네가 할아버지를 구하면 그 다음부터는 어떻게 될까? 지금 너의 아버지는 형제가 없으시잖아. 만일 할아버지가 더 오래 사셨다면, 아버지의 형제들이 태어나셨을 수도 있었을 텐데, 너의 삼촌이나 고모 말이야."

"맞아. 네 아버지는 외아들이시잖아."

누리도 맞장구를 쳤어요.

남수는 문득 할 말을 잊었어요. 이미 돌아가신 분을 남수가 타임머신을 타고 가서 구해 과거를 바꾸어 버리면, 남수가 지금 살고 있는 현재와 달라져 혼란이 생기지 않을까요?

시간이란?

시간은 과거에서 현재로 이어졌다가 미래로 이어지면서, 지금의 나를 있게 합니다. 아주 짧은 시간 속에서도 과거, 미래 사이에 현재의 내가 있는 것입니다.

그렇지만 지금의 나는 시간의 흐름에 맡겨져 있을 뿐입니다. 과거에 있던 일을 기억할 수는 있지만, 되돌아 갈 수는 없습니다. 또 나의 미래에 대해 생각해 볼 수는 있지만, 앞질러 갈 수도 없습니다. 우리는 밤낮이 바뀌거나 계절이 바뀌는 것을 통해서 시간의 흐름을 알 수 있습니다. 그러나 시간은 우리와는 상관없이 멈추지 않고 일정한 빠르기로 흘러갈 뿐입니다.

타임머신이 발명된다면 어떤 일이 벌어질까요?

타임머신을 타고 과거, 현재, 미래를 왔다 갔다 할 수 있다면, 모든 것을 자기가 원하는 대로 할 수 있을 것입니다. 그러나 그럴 경우 과거, 현재, 미래는 도저히 이해할 수도, 상상할 수도 없는 큰 모순으로 빠져들게 됩니다.

만일 남수가 타임머신을 타고 과거로 가서 할아버지를 구하게 되면, 할아버지는 더 오래 사셨을 것입니다. 그리고 아버지의 형제들도 더 태어났을 거고요. 그러면 남수한테는 삼촌이나 고모가 계실 거고, 그로 말미암아 전혀 겪지 않아도 될 새로운 일들이 마구 생겨날 것입니다.

영화 《백 투 더 퓨처》에 등장하는 타임머신

외계인은 정말 있을까요?

UFO(미확인 비행 물체)를 보았다는 사람들은 그 모습을 매우 자세하게 이야기할 뿐만 아니라, 어떤 사람들은 직접 타기까지 했다고 합니다. 또 뚜렷하지는 않지만 이상한 사진을 보여주며 UFO라고 말하기도 합니다.

그렇지만 과학의 세계에서는 실제로 확인할 수 있는 사실만을 인정합니다. 물론 과학자도 여러 가지 방법으로 외계인이 있는지에 대해서 연구하고 있습니다. 우주로 전파를 쏘아서 존재할지도 모르는 외계인에게 지구에 대해 소개하고 있고, 우주에서 오는 전파를 잡으려는 노력도 하고 있습니다.

그러나 아직까지 UFO나 외계인에 관한 이야기는 공상과학이나 만화 속의 이야기쯤으로만 다루어지고 있을 뿐입니다.

UFO를 찍었다고 하는 사진

외계인이 지구에 찾아오면 친구가 될 수 있을까요?

30. 지구의 주인

아빠의 이상한 낚시

일요일 새벽이에요. 나는 퍼뜩 잠에서 깨어나 거실로 나갔어요.
"녀석, 아빠 혼자 갈까 봐 일찍도 일어났군."
아빠는 낚시 도구와 먹을 것들을 가방에 넣고 있었어요.
"자, 어서 가자. 물고기들이 눈이 빠지게 기다리고 있을 거다."
아빠와 나는 차를 타고 한강 낚시터로 향했어요.
새벽 한강에서는 뽀얀 물안개가 피어오르고 있었어요.
"자, 다 왔다. 아빠는 낚시 준비를 할 테니까, 라면 좀 끓이렴. 배가 출출한걸."
나는 신이 나서 대답했어요.
"예, 좋아요. 그 대신 제 자리도 만들어 주세요."
"그야 물론이지!"
나는 아빠와 함께 라면을 먹고 강물에 낚싯대를 드리웠어요. 해가 떠오르자, 물안개가 천천히 걷히기 시작했어요. 여기저기서 물고기를 낚아 올린 사람들의 환호 소리가 들렸어요. 그렇지만 아빠와 나는 아직 한 마리도 낚지 못했어요.

햇살이 제법 따가워지자, 나는 앉은 채로 꾸벅꾸벅 졸기 시작했어요. 아마 밤새 잠을 설쳐서 그런가 봐요. 얼마나 잤을까? 누군가 외치는 소리에 놀라 잠을 깼어요.

"월척이다!"

아빠였어요. 아빠는 낚시에 걸린 물고기를 끌어올리려고 애쓰고 있었어요.

"민수야! 뜰채 좀 다오."

나는 벌떡 일어나 뜰채를 들고 아빠 옆으로 갔어요. 커다란 물고기가 낚싯줄에 매달려 펄떡거리고 있었어요. 무슨 일인가 하고 호기심을 품은 사람들이 하나둘 모여들었어요.

"야, 굉장히 큰 놈인데!"

"그러게 말이야. 잘못하면 낚싯줄 끊어지겠는걸."

사람들은 아빠가 끌어당기는 물고기를 바라보며 한마디씩 했어요. 아빠의 낚싯줄에 걸린 물고기는 정말 컸어요. 아빠는 건져 올린 물고기를 매우 조심스럽게 망에 넣어 강물에 담갔어요. 우리는 해가 저물 때까지 제법 많은 물고기를 낚았어요.

낚시를 마치고 낚싯대를 거두어 가방에 챙겨 넣을 때였어요. 아빠는 물고기가 담긴 망을 풀더니 지금까지 잡았던 물고기를 모두 놓아 주는 것이 아니겠어요?

"아빠는 낚시를 즐기러 온 거지 물고기를 잡으러 온 게 아니란다. 물론 즐기자고 물고기를 괴롭힌 건 좀 미안한 짓이지만 말이야."

아빠는 내게 미안한지 괜히 멋쩍은 표정을 지으며 둘러댔어요.

"그래도 어차피 잡은 건데 놓아주기는 아깝잖아요?"

내가 투덜거리자, 아빠가 한마디 덧붙였어요.

"아빠는 한강에 놀러 온 손님이고, 물고기들은 한강에 주인이라고 생각하렴."

"그러면 아빠 낚시 바늘에 꿰였던 한강의 주인들이 얼마나 아파했겠어요?"

나는 여전히 심술이 나서 말했지요. 그러자 아빠가 머리를 긁적거리며 말했어요.

"그건 아빠도 미처 생각하지 못했는걸. 그럼 앞으로 어떻게 할까? 아빠의 유일한 취미인 낚시를 그만둘 수도 없고……."

나는 기다렸다는 듯이 말했어요.

"아빠. 이렇게 해요! 우리가 한강을 깨끗하게 하는 거예요. 낚시한 자리를 깨끗이 정리하고, 집에 가서는 더러운 물을 하수구로 함부로 버리지 않기로 해요. 세차를 할 때도 집 마당에서 물을 조금씩만 쓰기로 하고요."

"그래, 그거 좋은 생각이다! 우리 민수가 제법인걸!"

아빠와 나는 크게 웃으며 서로를 바라보았답니다.

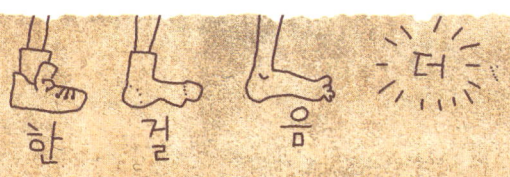

지구를 깨끗하게 하는 청소부들

지구는 물, 바람, 공기, 불, 세균, 식물, 동물 모두를 이용해서 자신을 청소합니다. 이를테면 바람은 더러워진 공기를 깨끗하게 만들어 줍니다. 또 물은 더러워진 것들을 깨끗이 씻어 줍니다. 세균을 비롯해서 여러 동물들과 식물들도 먹이를 먹는 과정에서 자연스럽게 지구를 청소하는 일에 참여하고 있습니다. 그러면 보면 지구의 모든 생물과 자연 현상이 지구의 청소부이며, 아울러 지구 자신도 청소부인 셈이지요.

지구에게는 스스로 정화하는 능력이 있답니다. 그렇다고 지구를 마구 더럽혀도 된다는 뜻은 아녜요.

아빠의 이상한 낚시 · 185

지구도 숨을 쉰다고요?

우리는 먹고살기 위해 지구를 이용해 왔습니다. 땅을 파헤치고, 숲을 불태우고, 강물을 막고, 다른 동물을 함부로 죽였습니다. 또 석탄과 석유를 마구 태우는 바람에 땅도 물도 공기도 오염되어, 어디서도 마음 놓고 살 수 없게 되었습니다.

그러면 지구와 사람, 동·식물 모두가 건강하게 함께 살아가려면 어떻게 해야 할까요? 영국의 과학자인 러브록이라는 사람이 그 방법을 가르쳐 주었습니다. 러브록은 지구도 숨을 쉬는 생명체라고 말했습니다. 그리고 지구에서 살아가는 모든 것들은 서로 돕고 아끼며 함께 살아가야 한다고 했습니다. 그래야만 지구는 스스로도 건강해지고, 생명들도 건강하게 지켜 줄 수 있답니다. 지구는 모든 생명체의 어머니이기 때문입니다.

지구의 주인은 바로 지구 자신

지구는 오늘날 거의 70억 명에 이르는 사람들로 온통 붐비고 있습니다. 그 수많은 사람들은 자기들만 더 잘 먹고 더 잘 살려고 자연을 마구 해치고 있습니다. 지구가 마치 자기 것이라고 되는 것처럼 말이에요.

지구의 주인은 사람이 아니라, 지구 자신이랍니다. 그리고 지구를 자기 집으로 여기며 살아가는 모든 것들이 지구의 주인입니다. 그런 만큼, 사람은 다른 동물들과 식물들 모두가 행복하게 실 수 있도록, 지구를 아끼고 사랑해야 합니다.

※이 책에 쓰인 사진의 저작권을 표시합니다.

1장
초신성 폭발 모습 by NASA Goddard Photo and Video-i

3장
고대 이집트인의 지구 모형 by Magnus Manske-i

4장
뉴턴의 사과나무 by redjar-ic

5장
지진으로 피해 입은 지역 by UNDP-i

7장
댐 by Jim Walton-i=
해일 by Scott Pena-i

8장
안개 by Indy Kethdy-i-c
이슬 by Shivz Photography-i

9장
시멘트공장 by Kazue Asano-i
오존층 by NASA-i
빙하가 녹아 갈 곳을 잃은 북극곰 by Ansgar Walk

11장
각섬석 by Penny Higgins-i
감람석 by Vsmith-i-c
석영 by Noodle snacks-i-c
장석 by Wilson44691-i
휘석 by GeeJo-i
흑운모 by Didier Descouens-i-c
화강암으로 만들어진 건축물 by Mohan S-i
삼엽충 화석 by Ivan Walsh-i

12장
대륙이동설 by Quadell-i

13장
화산의 단면도 by Siebrand-i
화산의 폭발 by Austin Post, USGS
일본의 온천 by Melanie M-i
화산재 by Raptor Alpha-i-c

14장
바다 위에 떠있는 빙하 by michael clarke stuff-i-c
높은 산을 덮고 있는 빙하 by Tambako the Jaguar-i=
빙하가 흘러서 만든 골짜기 by Antoine Hubert-i=

15장
석회암 동굴 속의 종유석과 석순 by The Frog-i-c
용암동굴 by Ian Armstrong-i-c

16장
잠자리 화석 by Kevin Walsh-i
뼈 화석 by Matt MacGillivray-i
중생대 말기 지층에서 발견된 암모나이트 화석 by Toshiyuki IMAI-i-o
중생대 지층에서 발견된 공룡 화석 by arabani-i-c

17장
풍력발전기 by nosha-i-c
토네이도 by Justin Cozart-i-c
황사 by OiMax-i
항공기에 부착된 비의 씨앗을 뿌리는 장치 by Christian Jansky

19장
피뢰침 by Marcelo Braga-i
번개 by RonAlmog-i
벼락 맞은 나무 by taigasylvan-i

20장
쌍무지개 by timkelley-i=
도시 위로 솟은 무지개 by Joe M500-i
분수가 내뿜는 물방울이 만드는 무지개 by Doc Searls-i

21장
갯벌 by Pinpin-i-c
밀물 by Deborah-i=
썰물 by Boon Low-i=

22장
물레방아 by James Emery-i
집채만한 파도 by Simon B-i-c
바위에 부딪혀 무섭게 부서지는 파도 by Taro Taylor-i

23장
홍해 바다 by Son of Groucho-i
지도상의 홍해 by NASA-i

24장
고비사막 by gudi&cris-i=
사하라사막에서 발견된 카르카로돈토사우루스의 이빨 화석 by Mila
카르카로돈토사우루스의 상상도 by Frederik Spindler

25장
산성비로 인한 삼림 피해 by Lovecz-i
화성암 by Zureks
퇴적암 by Pratheepps
변성암 by Siim Sepp

27장
마리아나 해구 by I, Kmusser

28장
누룩곰팡이 by Ciar-i

29장
UFO를 찍었다고 하는 사진 by Markusram-i=
영화 백투더퓨처에 등장하는 타임머신 by Adam Lautenbach-i